Catrin Albonico
Wer verwandelt das erbrochene Brot?

Catrin Albonico

# Wer verwandelt das erbrochene Brot?

## Ein Krankheits- und Heilungsbericht zur Bulimarexie (Eß-Brechsucht)

## Auf der Suche nach Schönheit, Wahrheit, Liebe

Novalis Verlag

Novalis Verlag AG, CH-8200 Schaffhausen
Umschlag: Verlagsatelier Typografik,
Ulrika Hampl, Schaffhausen
Satz: Fotosatz Prechtl, Passau
Druck und Bindung: Clausen & Bosse, Leck

ISBN 3-7214-0656-7

# Inhaltsübersicht

# Vorwort

Dieses Buch ist das Zeugnis einer Frau, die ich vor 18 Jahren kennengelernt habe, und mit der ich seither freundschaftlich verbunden bin. Die Einsicht in ihr verborgenes Leben, gegeben durch diese Veröffentlichung, war erschütternd, ahnte ich doch all die Jahre nie etwas von ihrem Lebenskampf, der Eß-Brechsucht.

Wo ist der Beginn, wo ist der Sinn solcher Krankheit? Obwohl die Bulimarexie von medizinischer Seite als eigenständige und oft schwere Krankheit erfaßt und klassifiziert ist, gibt die Autorin neuen Fragen und möglichen Antworten Raum. Sie erwachsen aus einem exakten, schonungslosen aber auch liebevollen Betrachten der Krankheitsphänomenologie und parallel dazu der Erforschung einer (Selbst-) Heilungsquelle. Ungeachtet der epidemischen Verbreitung dieser Sucht oder geradezu gestärkt durch sie und durch die Rat- und Hilflosigkeit von Millionen Betroffener*, wird ein Heilungsweg beschrieben — einzig und allein mit den «selbst an der Todesschwelle doch noch gesunden» eigenen Kräften.

Der Bericht durchschreitet Kindheit, nähere Vergangenheit, Kultur-, Zeit- und Geschlechtsfragen, blickt in die Zukunft. Die besondere Bedeutung der Gegenwart – mit all ihren Chancen im Hier und Jetzt – wird mit großer Aufmerksamkeit, Sorgfalt und Freude wahrgenommen.

* Genaue Zahlen sind nicht erhältlich. Das Bundesamt für Statistik dazu: Bulimarexie ist ein enormes Problem; niemand wagt sich daran. Es statistisch zu erfassen ist unmöglich, denn erstens verschweigen Betroffene ihr Leiden, zweitens macht nur ein kleiner Teil der Ärzte und Therapeuten statistische Angaben.

Dieser sprachlich und geistig durchkomponierte Text beginnt mit der Aufzeichnung eines Tagesverlaufs, der Qual, der Einsamkeit – des Alltags, des zerstörerischen. Er endet mit dem Kapitel der Verwandlung, die uns auf so manches hinweist, falls wir hinschauen.

Es ist ein Zeitdokument des Ringens an der 2. Jahrtausendwende, mit all den (Un-)Möglichkeiten unseres Denkens, Fühlens und Handelns. Es ist ein Buch, welches Leiden, offenes Hinhören, Hineindenken zuläßt, wie auch Widerstand und Fragen (Voraussetzungen für eigenständiges und soziales Handeln). Es ist ein Bericht, der intim und gleichzeitig allgemein menschlich von Chaos, Kampf und Ängsten zeugt, und vom Weg der Überwindung, Schritt für Schritt.

Ein Kind verliert seinen Weg
Eine Jugendliche erfindet einen Weg
Eine Frau geht einen grauenhaften Weg
Eine Frau «stirbt» auf diesem Weg,
um aufzuerstehen
Ein Mensch findet einen Weg – und teilt ihn.

Ein Weg, den wir als Menschheit gehen?

Bern, im März 1994
Isabella Maria Holenstein

# Vorbemerkungen

## Begriffe

| | |
|---|---|
| Magersucht | — Anorexie (Anorexia nervosa) |
| Eßsucht ohne Erbrechen | — Bulimie |
| Eßsucht mit Erbrechen | — *Bulimarexie,* (oft auch nur) Bulimie, (Bulimia nervosa) |

## Zur grammatikalischen Verwendung weiblicher Formen von Ausdrücken

Die Schwierigkeit in unserer Sprache, Frauen und Männer gleichermaßen anzusprechen, ist m.E. bislang nicht gelöst. Das konsequente Anfügen auch der weiblichen Formen, z.B. ein(e) neue(r) PatientIn, ist stilistisch kaum durchführbar und überaus unbefriedigend.

Ebenso wird das Problem nur verschoben bei einer schlichten Umkehrung, in dem Sinn, daß normalerweise die weibliche Form verwendet und, wo nötig, die männliche hinzugefügt wird.

Im folgenden werde ich dort, wo in erster Linie nicht Frauen oder Männer, sondern *der* Mensch, bzw. ein Zusammenwirken der Geschlechter gemeint ist, nur die männliche Form verwenden.

Das Erkennen auch der weiblichen Anteile im Mann bzw. der männlichen in der Frau macht diese Kompromißlösung für mich erträglich.

Dieser ERFAHRUNGS-Bericht möchte:

— eine langjährige Erkrankung und deren Heilung schildern;

— die Phänomenologie dieser Krankheit in unserer Zeitepoche, in unserer Gesellschaft und im persönlichen Schicksal beleuchten;

— für sich weder wissenschaftlichen Charakter, noch die Meinung, den einzig möglichen Heilungsweg darzustellen, beanspruchen;

— therapeutisch und pädagogisch Tätigen einen weiteren Zugang zu Bulimarexie und anderen «modernen» Erkrankungen erschließen (besonders Suchtkrankheiten, Allergien, Aids);

— Betroffenen und ihren Angehörigen dieses Büchlein widmen.

In der Zeit zwischen Beendigung dieses Buches in Manuskriptform und Herausgabe durch den Verlag sind da und dort Erfahrungsberichte zum Thema erschienen. Dabei beeindruckt manche Kongruenz der Sichtweise und gemeinsame Abweichung vom Theoriegebäude nicht direkt Betroffener, bis hin zu wortgleichen Formulierungen für vermeintlich «nur» persönlich erlebter Phänomene, was vielleicht doch einen erfahrungswissenschaftlichen Beitrag zu leisten vermag.

## Zum Inhalt

Eß-Brech-Krankheit als Evolutionskraft?
Eine Krankheits- und Heilungsmöglichkeit an der Schwelle zum Bewußtseinszeitalter

— Ein Kampf zwischen Chaos und Verhärtung findet statt.

— Gefühlsdominanz einerseits und Verstandesdiktatur andrerseits manifestieren sich gleichzeitig als extreme Seelenprägungen und werden zur Zerreißprobe. Durch die Verweigerung einer natürlichen Entwicklung wird seelische Reifung gestaut. Dadurch bleibt sie u.U. aber auch entwicklungsfähig und dies in einer kulturellen Situation der zunehmenden Verhärtung, Polarisierung und Seelenlosigkeit.

— Da hinein kann der Keim von etwas Neuem fallen. Die Entwicklung eines neuen Bewußtseins, das die Mitte sucht und selbst Mitte ist, wird von der Eß-Brech-Sucht, wenn sie nicht letal verläuft, in ganz besonderer Weise gefordert, jedoch auch gefördert. Dies kann zu einer persönlichen Heilung führen und zu gesellschaftlicher Gesundung beitragen.

— Mit solchem Kampf befinden sich Millionen (!) von Frauen und immer mehr auch Männer auf einem Weg, der Materialismus und Konsumismus überwinden kann, ohne deren Errungenschaften, aber auch Gefahren, zu verkennen.

Wäre da nicht die Erinnerung und das WISSEN «so war es»: nur GLAUBEN könnte ich das Geschehene nicht; es mutet unglaublich an. Ich empfinde jedoch keinerlei Bedürfnis nach Verfälschung oder Übertreibung, sondern nur ein Verlangen nach möglichst wirklichkeitsgemäßer Darstellung.

Diese erweist sich aber als schwierig und heikel, wenn es darum geht, die Spiegelbilder heraufzuholen und auszuhalten und dabei nicht rückfällig zu werden, oder gewisse Vorgänge genau beschreiben zu können, ohne sie im Alltag zu reproduzieren.

Ein Rückfall bedeutet für mich seelische Veränderung: Manche Schwierigkeit verliert unter Einwirkung der Fluchtmöglichkeit ihre Herausforderung. Gedanken werden in Bezug auf ihre tatsächliche Umsetzung in den gelebten Alltag trügerisch.

Deshalb werde ich nur schreiben, soweit dies ohne ungesunde Hilfen möglich ist. Vgl. Kapitel «(Übungs-)Weg und Ziel».

# I

# Auf dem Gipfel der Krankheit

# 24 Stunden-Bericht

Wieder hineingeschleudert ins Wachsein. 2 1/2 Stunden geschlafen – schlußendlich –, von 2 bis 4 Uhr 30. Sonntagmorgen jetzt; o schrecklich leeres Wochenende, Sonntag, nur keine Sonne heute! Kein schönes Wetter, bei dem die innere Wüste noch wüster erscheinen würde, und ja keine Nachrichten von Hungernden in der Welt. Zitternd, die Atmung gestaut, jage ich in die Küche: Trinken und etwas Schokolade zum Beruhigen. Dann, so hab ich mir gestern Nacht doch fest vorgenommen, den Tisch schön decken, vom Brot zwei Schnitten und auch von der Butter, vom Käse abschneiden und den Rest wieder versorgen vor dem Essen. Ich muß etwas ändern; es geht einfach nicht mehr weiter wie bisher. Halt jetzt mit Schokolade essen – bin ich über die Hälfte, wird's gefährlich. Doch das Verlangen nach mehr ist bestialisch stark. 4. Riegel, 5. Riegel und schon wird's egal, bereits zu viel, weiter, Schleuse auf: essen jetzt, beliebig viel, abschalten, genießen; dann erbrechen und mich wieder etwas wohler fühlen; schnell weiter. Ausgerüstet mit einer Packung Bisquits, mache ich die notdürftige Morgentoilette, zieh mir den Bademantel über, suche am Radio etwas Interessantes zum Ablenken von meiner Misere.

Vergeblich, immer noch Nachtclub-Musik; und nun aber ran: 1 Schachtel gekochte Eier, 1 Tube Mayonnaise, 1 Packung Toastbrot aus dem Gefrierfach – nur wenig aufgetaut, damit es zum Essen noch ganz kalt ist – 1 Glas Marmelade, Butter; o Gott, jetzt läuten schon wieder die Kirchenglocken. Natürlich, um 6 Uhr, doch es ist Sonntag, also etwa zweistündlich heute Vormittag die Qual des Glockenläutens, Erinnerungen, Mahnmale. Weg damit! Mohrenköpfe, 8 Stück. Danach wieder salzig, also das Fleisch, 500 gr. Aufschnitt mit der zweiten Tube Mayonnaise. Trinken dazwischen, regelmäßig mit Kohlensäure – dann geht's nachher spielend leicht beim Brechen; noch eine Familienpackung Eis mit 3 dl Rahm – Shit, über 10 Franken kostet allein diese letzte Zugabe – und jetzt mal raus, das ganze Zeug. Ansetzen wie zum Rülpsen und gleichzeitig den Kopf vornüber das Klo beugen: Menü rückwärts in 3 Güssen und weniger als 3 Minuten. Ohne «Finger», Würgen oder Mittelchen, einfach so. Aufatmen. Das 1. Mal richtig atmen heute. Wie schrecklich war doch die Nacht wieder. Um 0 Uhr 45 die letzte Ladung: eine ganze Eistorte, 1 kg gebratener Fleischkäse und eiskaltes Bier, erbrochen und dann endlich der Weg ins Bett. Wach, erschöpft, vergebliche Vorsätze für heute und wohl für alle Zukunft, weiter wach gelegen mit den ständigen, unwillkürlichen Brechbewegungen, penetrant rhythmisch von unten nach oben leise durch den Körper fahrend, den Schlaf nicht reinlassend. Und dann der Wettlauf mit der Zeit, bei dem ich entweder innert etwa 1/2 Stunde wegtrudle oder wieder zunehmend unruhig aus dem Bett erneut in die Küche gepeitscht werde. Doch dann hat die Erschöpfung endlich obsiegt und endlich, endlich ist etwas Schlafähnliches eingetreten und in ein Träumen übergegangen, das Träumen vom Essen und Brechen und Nichterwischt-werden dabei, ein Zustand hautdünn zwischen Wachsein und Schlafen.

Auch jetzt steht wieder maximal 1/2 Stunde zur Verfügung, in der ich mich halbwegs wohl fühle, einigermaßen klar denken kann, gerade Zeit genug zur Organisation des weiteren Tageslaufes. Während ich Kopf und Nacken kalt wasche, hellwach durch den Durchblutungsschub des Gehirns während des Brechens, beinahe in Hochstimmung dank gewonnener Energie mittels der wahnsinnigen Stimulation, konstruiere ich Pläne, Pläne für heute, für das weitere Leben, für mich und die Menschheit. Gut, spazierengehen und weiterdenken.

Ich ziehe mich an; da fehlt an der Jeans der Knopf; überhaupt sollte ich längstens schon einiges flicken. Und M.

anrufen und die Arbeit für die nächste Woche vorbereiten.

Da steigt bereits wieder der Durst auf und die Kopfschmerzen und Mattigkeit; ja, ich hab's wieder nicht geschafft «ohne» heute; ich werd's nie schaffen, ich weiß auch nicht, wie ich ohne Lügen M. beibringen soll, warum ich nicht zum Treffen komme. Doch wenn ich heute den ganzen Tag wieder allein bleibe, überwältigt mich abends das gefürchtete Inferno: Depression, Schmerzen, Essen/Brechen bis zum Geht-nicht-mehr, oder gleich von der Bildfläche verschwinden – mich umbringen. Trinken jetzt, sofort Eiscola gegen dieses brennende Dürsten. Eine Kleinigkeit essen dazu, habe ja einen vollständig leeren Magen. Ein bißchen was brauch ich doch, sonst kommt's sowieso nicht gut. Also etwas Gesundes nun, das ich behalte, nicht erbrechen werde; ja, Bioquark und Müsli mit Honig.

Schon das «Wort zum Sonntag» am Radio? Stimmt, da waren vorhin doch die Nachrichten. Evangelienlesung. O, die Maria Magdalena und die andere Maria — und ich? Aber dieser Radiosprecher mit seiner Kriminalromanstimme, er legt eine Tiefgründigkeit in das oberflächliche Ablesen des Textes — Verlogenheit selbst hier! Gibt's eigentlich noch Käse im Kühlschrank? Hmm ja, sogar Eier sind noch da. Genau, Omeletten mit Käse und Kräuterbutter. Startschuß zur 2. Runde. Bis gekocht ist, eß ich schon mal wieder Süßigkeiten, nur keine Eßpause entstehen lassen, sonst wird nachher das Brechen schwierig. Dann müßte ich würgen, bis die Portion von vor der Pause auch noch rauskommt. O nein, das wird das Biomüsli sein. Kostbar hergestellte Lebensmittel, teuer, und ich kotze sie raus; es ist zum Kotzen, ich bin zum ...

Jetzt ist 8 Uhr 15. In diesem Stil, in ununterbrochener Wiederholung geht es weiter bis zum Eindunkeln, den letzten Sonntagsglocken, den Mitternachtsnachrichten, dem ersten Morgenvogelruf. Danach vielleicht 2 bis 3 Stunden schlummern.

| | | |
|---|---|---|
| Tagesportion: | bis 45 kg | |
| Kosten: | (!) | Je nach finanzieller Situation Nahrungsmittel von exklusiv bis beliebig (auch schlecht). |

Die Wochentage sind einerseits etwas weniger trist, da ich in einen gewissen Arbeitsrhythmus eingespannt und gezwungenermaßen unter Leuten bin; andererseits sind Arbeitstage noch viel stressiger, das Essen und Brechen unbemerkt unterzukriegen.

## Zu Gast im Elternhaus

Für 19 Uhr, nach meiner Arbeit, werde ich zum Abendessen erwartet. Eigentlich will ich nicht hingehen, aber die Eltern möchten mich wieder einmal sehen (wie es mir so geht – sie wissen ja nichts von meiner Krankheit), und ich, ich brauche ihre Nähe irgendwie auch.

Um später halbwegs ruhig am Tisch sitzen zu können, muß ich zuerst für mich essen, viel und möglichst das, was es dann nachher «offiziell» geben wird. Sonst schlag ich so zu, daß es ungemütlich wird. Allein, in Eile, fresse ich also Spaghetti mit Speck, d.h. Speck mit Spaghetti und Käse und vor allem Dessert, Schlagrahm, Kuchen, mehr als wir nachher alle zusammen «genießen» werden. Dann auf's Klo, raus mit allem, schnell kalt waschen, trinken und los ins Elternhaus. Hoffentlich gibt's nicht viel zu besprechen oder im Garten anzuschauen, bis wir essen, sonst werd' ich schon wieder so gespannt.

Zum Glück geht's heute gleich an den Tisch: «Du siehst müde aus und frierst ja, du hast bestimmt Hunger. Komm, iß!» Ich esse und trinke; trinken genau dosiert, wann und wieviel, denn erst in ca. 1 Stunde werde ich mich wegstehlen können, um zu brechen. Bis dahin darf es keine Eßpause geben; die zuerst eingenommene Nahrung darf weder zu viel noch zu wenig verdaut sein. Endlich hat Vater auch den ersten Gang beendet.

Mit dem Vorwand, etwas zwischen den Zähnen rausspülen zu müssen, verschwinde ich schnell. Erbrechen. Optimum finden zwischen so rasch wie möglich fertig sein aus Sicherheitsgründen, dabei aber einen «verdächtig» roten Kopf und auffallend wässrige Augen kriegend, oder, um dies zu verhindern, langsamer, in mehreren Schüben erbrechen. Dann liegt das Erbrochene aber länger in der Schüssel und hinterläßt den verräterischen Geruch. Ich gucke auf die Speisen in der Schüssel: Mutter brauchte bestimmt 2 Stunden, um einzukaufen und zu kochen. In Brasilien hungern die Kinder. Zurück am Tisch wartet schon Kuchen und Schlagrahm. «Komm, iß, du wirst dir solches doch kaum selber leisten.»

Und *ob* ich esse, «ja, danke, es schmeckt ausgezeichnet!» Verdammt, ein Telefonanruf; Unterbrechung, noch größere Verzögerung bis der Vater wieder fertig gegessen hat. Nein, mit diesen süßen Sachen darf ich unmöglich erneut 1 Stunde warten, um sie loszukriegen, da wären sie längst im Blut*. Das Telefongespräch dauert an. Gefangen. Doch horch, jetzt wurde der Hörer aufgelegt. Schnell, Gelegenheit benützen: «Da wir ohnehin schon eine Unterbrechung haben, mach ich auch noch schnell einen Anruf, bevor M. im Bett ist.» Raus, auf's Klo; geschafft!

Zurück ins Eßzimmer. Die Mutter: «Wie geht's M.?» Ich: «Es war niemand zu Hause.» Zwischengedanke: Und um dies herauszufinden, brauchte ich derart lange? Also schnell ablenken: «Die Blumen auf dem Telefontischchen sind wunderschön; von Frau P.? Wie geht es ihr?» Gott sei Dank, die

* Warum dies keinesfalls passieren darf, siehe Seite 38.

Eltern steigen ein und erzählen. Aber doch bitte nicht so ausführlich, da freß ich noch den ganzen Kuchen. Mutter: «Du hast aber Hunger; du könntest den Rest auch mitnehmen.»

Mitnehmen – um ihn auf dem Heimweg zu verschlingen und zu kotzen? Dann lieber gleich hier.

Endlich ist die Tafel beendet; die Eltern begleiten mich zum Ausgang. Keine Chance mehr, nochmals zu erbrechen. Aber die Süßigkeiten müssen doch schnellstens raus. Was nun? «Habt ihr die Adresse von Tante T.? Könntet Ihr sie mir nicht bitte noch rausschreiben?» Sie können. Ich ab auf's WC. Verflixt, es hat nebenaus gespritzt. Putzen, geräuschlos; Vorsicht, nicht zu viel Papier brauchen, sonst muß ich zweimal spülen. Stimme aus dem Flur: «Ist alles in Ordnung?» Ich drehe mich sofort um, damit die Stimme nicht verkehrt, d.h. mit dem Rücken zur Tür rausklingt: «Ja, ja, ich hab nur einen Tomatenspritzer auf der Bluse.» Das ermöglicht nun, Wasser laufen zu lassen, um verdächtige Geräusche zu übertönen. Dann der Abschied. Sie sagen besorgt, ich sehe wieder müde aus; oh, ich konnte sie also nicht froh machen diesen Abend; «gute Nacht, vielen Dank; doch, doch, es geht mir gut.»

Mit brennendem Durst, seelisch und körperlich erschöpft, hetze ich durch die Nacht. Schlafen, nur schlafen und abschalten. Heimgehen? Nein, da werd' ich noch den übrig gebliebenen Speck essen und saufen. Ich lande in der nächsten Beiz. Nein, natürlich nicht in irgendeiner Kneipe, sondern im Bahnhofbuffet, wo es Toiletten außerhalb gibt ...

## Jeder Arbeitstag ein Hit (Schlag)

«Es ist doch schön, daß es noch Menschen mit Idealismus gibt», und als Beispiel meinen sie mich, das Wrack und Lügenbündel mit Pokerface. Sie, das sind meine Vorgesetzten (Chefarzt, Leitung Pflegedienst) und Klienten (Patienten, Angehörige). Erstaunlich, diese Sozialarbeiterin mit ihrem innert Kürze aufgebauten Sozialdienst des Krankenhauses. Man trifft sie 12, 16, 20 Stunden am Tag, zwei- bis dreimal mitten in der Nacht. Dann eben, wenn der Tageswahnsinn oder Horror vor der Nacht mich raustreibt, weg von zu Hause, hin zu Menschen, obwohl ich mich verbergen, vergraben möchte. Die Nachtschwestern schätzen meine Besuche und Mithilfe, obwohl *sie* diesen Idealismus nicht verstehen, ja er ihnen (aus gesundem Gespür?) eher unheimlich zu sein scheint.

Ich helfe bei der Pflege mit und bleibe vor allem in jenen Zimmern, wo nächtliche Klinik-, Kranken-, Todessorgen, wo Ängste und Gewissensfragen die Patienten nicht schlafen lassen. Was tagsüber durch äußere Betriebsamkeit und durch den medizinisch-pflegerischen Interessensschwerpunkt in ihnen zurückgedrängt ist, kommt nachts hoch; und normalerweise ist niemand da, der dafür Zeit hätte oder «zuständig» wäre. So erfahre ich viel über die tiefen Nöte der Patienten, welche mit ergreifender Dankbarkeit meine Anwesenheit kommentieren, nicht ahnend, wie sehr ich auch ihnen danken möchte, daß sie mit mir ihre Wärme, ihr Leben für ein Weilchen teilen. Ein Weilchen nur, denn längst habe ich auf mehreren Abteilungen die Torten und Schokoladen inspiziert, Geschenke sich erkenntlich zeigender Besucher oder entlassener Patienten, Geschenke, welche von den linienbewußten und -besorgten Schwestern verabscheut, oft weggeworfen werden. So verbringe ich also das nächste Weilchen in Reichweite einer der 20 Toiletten.

Morgens um 7 Uhr natürlich pünktlich beim Spitalrapport; zum Erstaunen der Mitarbeiter bereits bestens informiert über die nächtlichen Aktualitäten. Abgesehen von Visiten u.ä. obliegt die weitere Tageseinteilung mir selbst – ein Eldorado für eine Bulimarektikerin. Kaum feststellbar die kleinen Abwesenheiten einer Sozialarbeiterin; und wenn sie sich am Sucher oft nicht meldet, so deshalb, weil sie Klientengespräche nicht durch so etwas Mechanisches wie einen «Piepser» unterbrechen wolle ... Und für längere Abwesenheiten meldet sie sich zuverlässig ab. Solche gibt es täglich, denn sie betreut ihre Klienten über den Spitalaufenthalt hinaus, besucht die Patienten zu Hause, in ihrem Umfeld. Daß diese Besuche zu einer ganz anderen als zur angegebenen Zeit stattfinden, nämlich spät abends, hat für alle Beteiligten nur Vorteile: Ich brauche diese Fluchtzeiten tagsüber zum Essen und Brechen dringend, die Patienten fühlen sich sehr ernst genommen, wenn sie nach Arbeitsschluß noch aufgesucht werden, und der Institution verhilft ein solches Engagement von Mitarbeitern zu ihrem guten Ruf.

Gerade ebenso vorteilhaft läßt sich das Problem «Mittagspause» lösen. Über Mittag sollte ich anwesend sein, denn da können mit den besuchenden Angehörigen Abklärungen vorgenommen werden. Über Mittag aber, bis ich kiloweise «Abfall»-Essen aus den Krankenzimmern über den Weg meines Rachens umgeleitet und mich danach wieder halbwegs funktionstauglich gemacht habe, kann ich nicht zur Verfügung stehen. Was liegt da näher, als eine Angehörigen-Selbsthilfegruppe gründen? Mittagstisch für Angehörige ist angesagt, und was vielen Professionellen dabei so schwer fällt, nämlich sich entbehrlich zu machen, ist für mich alles andere als ein Problem ... Und damit ist das Delegierenkönnen entdeckt: Wäre es nicht gesünder, wenn die sozialen und die damit verbundenen seelischen Probleme, anstatt vom medizinisch-pflegerischen Aufgabenfeld abgespalten, hierhin zurückgegeben würden? Ich bräuchte doch nur Assistenzärzte und Pflegende für eine erweiterte Sozialanamnese und wirkungsvollere Gesprächsführung zu sensibilisieren. Meine Ordner über Hilfsmittelbezugsquellen und -Formalitäten könnte ich auf die Abteilungen geben für unterforderte Praktikanten, für an Ganzheitspflege interessierte Schwestern, für Angehörige, welchen das Gespräch schwerfällt, und die gerne etwas aktiver mithelfen würden. Und wiederum entpuppt sich meine Notlösung als etwas rund herum Geschätztes.

Systematisch organisiere ich immer mehr Abläufe, wo ich keine direkten Kontakte mit Menschen zu haben brauche, wo ich nur — ziemlich identisch mit meinen Klobesuchen — mal auf dieser, mal auf jener Station schnell den Kopf reinzustrecken brauche. Und dies professionell begründet, mit einschlägigen «Erfolgen» und zur Befriedigung aller.

Aller? Mein äußerer Erfolg, meine «Hit-Parade», zeigt sich als ein Weg der Schläge gegen mich selbst, als meine Niederlage, immer perfekter, «professioneller» organisiert. Die Arbeitsabläufe, die gegebenen wie die notgedrungen kreativ von mir neu eingeführten, sind (scheinbar) reibungslos eingebaut in den Schlachtplan meiner Orte und Zeiten für Fressen und Sichübergeben. Indem ich dank getroffener Maßnahmen nun mehr Zeit habe, meine Zeremonien abzuhalten, erscheine ich noch öfter auf den Abteilungen (die erwähnten 20 Toiletten entsprechen 10 Stationen à 2 WC); auch in den Nächten, da ich kaum mehr schlafen kann. Immer häufiger werde ich anerkennend gefragt, ob ich denn nicht auch lieber weniger arbeiten, mehr privatisieren würde. Darauf pflege ich zu antworten, daß ich nicht trennen möchte zwischen Beruf und Privat. Und was tue ich? Die Trennung, die Spaltung könnte nicht größer sein. Doch indem ich als Persönlichkeit zusehends verschwinde, mich buchstäblich auflöse, wird es bald überhaupt kein «Privat» mehr geben – und somit auch keinen Beruf mehr.

Dann würde dieses Verlangen nach Nicht-Trennung doch wahr …

Jetzt häufen sich auch die Nächte, in denen ich zur Sterbebegleitung in der Klinik bin. Waren es die Patienten, die mir bereits in den vergangenen Jahren vor allem Kraft zum Überleben gaben, so sind es nun ganz besonders die Sterbenden. Sie zeigen mir etwas von ihren innersten Fragen und Kämpfen, aber hie und da auch Engel, die einzelne sehen, oder sie sprechen von einem Licht, das sich ihnen nähere. Im Sterben leuchtet in ihrem Gesicht, das eben noch schmerzverstellt war, so oft etwas wie eine Vereinigung mit diesem Licht auf.

Der «sinnlosen» Not und dieses warmen Lichtes, seiner Kraft und seines Geheimnisses wegen, wollte ich noch weiterleben …

## Abwärts. Aufwärts?

Mit diesem Licht-Blick war schließlich der langersehnte Moment gekommen, wo ich kündigen konnte. Ich hatte nun einen Strohhalm gefunden, an den ich mich hängte, und mit dem ich mich verbunden fühlte wie mit einer hauchdünnen Nabelschnur zur besagten (göttlichen?) Kraft.

Vor einiger Zeit hatte ich an einem Projekt «Sterbebegleitung» mitgearbeitet und in diesem Zusammenhang einiges an Literatur zum Thema gelesen. Unter anderem ein Buch, das die Frage einer realen Beziehung zu Verstorbenen behandelt. Darin werden Möglichkeiten beschrieben, mit welcher inneren Haltung und mit was für Hinwendungen zum Verstorbenen eine bewußte Verbindung erreicht werden kann. Humbug, war meine erste Reaktion, und die zweite:

Probier's doch, um urteilen zu können. Also versuchte ich die Hinweise genau zu befolgen und Gespräche (nicht Einbildungen oder Halluzinationen – alles kam ganz anders, als ich mir vorstellte) erschlossen sich. Dies zu erleben bedeutete für mich unzweifelhaft, daß der Autor jenes Buches, Rudolf Steiner, Wahres zu sagen hat. Seither hätte ich gerne mehr gewußt über Steiner und seine «Geistes»-Wissenschaft oder Weisheit vom Menschen, genannt Anthroposophie. Deshalb wollte ich nun eine entsprechende Ausbildung machen.

Als ob dieses Vorhaben allein nicht schon vermessen genug gewesen wäre angesichts meines Zustandes, entschied ich mich obendrein für ein *Bewegungsstudium* (Bothmer-Gymnastik). Auf die schriftliche Bewerbung, in der ich meine frühere, überwundene Drogensucht, aber nichts von der aktuellen Krankheit erwähnte, folgte eine Absage. Ich war erschüttert, wenn auch nicht überrascht. Umso größer die Dankbarkeit, als ich unerklärlicherweise doch zu einem Vorstellungstraining und -Gespräch eingeladen und — aufgenommen wurde unter die 20 Studenten aus aller Welt.

Dies war der Anfang meiner (zunächst) allerschlimmsten Zeit. Denn ich vermochte mein Eß-Brech-Verhalten keineswegs aufzugeben und wurde andrerseits ständig konfrontiert mit einem Weg, der Unaufrichtigkeit nicht verträgt. Moralisch grauenvoll zerrissen, nahm ich an Übungen und Unterricht teil und sank und sank; und sollte erst später erfahren, welche Aufbaukraft nebenher mir bereits mitgegeben wurde, mit der ich den Tiefstpunkt überwinden und langsam einen Weg der Heilung beschreiten konnte.

In den nächsten beiden Kapiteln möchte ich auf den Weg zu diesem Punkt zurückblicken, um dann mit dem Kapitel «Fragen und Hören» wieder hier anzuknüpfen und vorwärtszuschauen.

# II

# Suchen

## Der Körper

Der Körper, mein Körper, was kann er nicht alles: sich dehnen und zusammenziehen wie ein Ballon, bei gleichbleibender 160 cm-Länge zwischen 43 kg und 84 kg hin und her — fast ohne Spuren. Der Magen, eines der Wunderorgane in mir, verkraftete während 15 Jahren den ständigen, plötzlichen Wechsel von leer zu über- und übervoll und wieder ausgequetscht leer; -zigtausendmal hast du, mein Magen, das mitgemacht und verdaust heute still und leise, fast ohne Beschwerden; treues, selbstloses Organ. Großartig sind auch die anderen Organe und ist das ganze Organsystem.

Mein Körper, sagte ich, gehörst du denn mir? Hab' ich dich so wunderbar gemacht? Unmöglich. Also stehst du mir eigentlich nur zur Verfügung, von weiß Gott wem weisheitsvoll erschaffen, und bist mir überlassen: dich zu ignorieren oder mich in dir zu verlieren, dich anzunehmen oder abzuspalten, zu verändern, zu hassen und zu mißbrauchen oder zu schätzen und zu pflegen – von und mit dir etwas zu lernen und weiterzugeben.

So ist es nicht *mein* Körper, jedoch *meine* Entscheidung?

## Die Seele

Wo «mein» Körper ist, da kann kein andrer sein. Quasi eine egozentrische Sphäre. Anders ist es im Wollen und Fühlen und in meinen Gedanken. Da können andere Objekte und Menschen mit drin sein, sich aufdrängend oder eingeladen, sich selbst durchsetzend oder von mir mitgestaltet. Hängt vielleicht damit die Isolation und trostlose Einsamkeit zusammen, wenn ich nur die Bedürfnisse des Körpers befriedigen muß? Und, da Egoismus sich ja nie gestillt gibt, erklärt sich daraus mitunter die Tatsache, daß ein Gefühl für wirklichen Hunger oder richtige Sättigung verloren geht und nur noch Gier und Zwang regieren? Doch woher kommen sie denn, diese Begierden und Zwänge; oder, wohin zielen sie?

Begierden, einst Triebe und Instinkte – könnten sie beim Menschen nicht zu bewußten Motiven werden und Zwänge *solchem* Willen weichen, der durch selbstgewählte Schranken geführt werden kann? Es muß folglich noch Bedürfnisse geben, die nicht der stofflichen Welt entspringen und auch nicht aus ihr die Befriedigung erhalten.

Angefangen hat die Krankheit damit — wie aus dem Weiteren noch öfters hervorgehen wird —, daß Ist und Soll, irdisch-physische Realität und geistiges Ideal, scheinbar unabänderlich auseinanderzuklaffen begannen: Die Welt sollte so sein, ist aber anders; ich sollte so sein, bin aber anders ... Dies waren jedoch keine absoluten Tatsachen, sondern es war etwas Relatives, Subjektives, auch wenn viele Mitmenschen die «gleiche» subjektiv-relative Meinung hatten und noch haben. Aber eben Meinung, Erwartung, Wünsche; nicht Wissen, nur Behauptung – irgendwelchen Interessen folgend und die Kluft zwischen Erstrebtem und Erlebtem zementierend.

Die Krankheit begann also mit einer Spaltung und dem Gefühl, daß etwas nicht stimme oder nicht genüge. Dies jedoch impliziert das Vorhandensein von Wissen eines Besseren. Dieses «Bessere» war einst kindlich-jugendliche Lebensfreude und das Ahnen von einer eigenen, einer umfassenden Existenz, die sich nicht als vorgefertigte, von außen herangetragene Identität verwirklichen kann. Trotzdem wurden die suggerierten und oktroyierten materiellen Schemata und somit der eigene Körper zur dominierenden Ebene der Auseinandersetzung. Es ist, wie wenn durch Versklavung der eigenen Kräfte, die zwischen Geistig-Ideellem und Körperlich-Sinnlichem seelisch vermitteln – wie wenn durch seelische Unterdrückung und Schwächung also, das eigentliche Gebiet menschlich-schöpferischen Geschehens verlassen und immer unzugänglicher, die Seele vom Körper wie gefesselt worden wäre.

## Der Geist

Meine Ausrichtung, die Seelenregungen werden also geprägt durch «meinen» Körper, obwohl es andererseits einen Körper, der «mein» wäre, gar nicht gibt. Das heißt, ich werde fremdbestimmt, von fremden (Verführungs- und Zwangs-) Geistern (irre-)geleitet. Und ich – wo war oder bin denn ich selbst? Bin *ich* wenigstens mein, oder kann ich wie vom Körper sagen, ich sei mir anvertraut? Unsinn. Ich bin mir weder anvertraut noch bin ich mein; ich bin, ich existiere — basta. Ich bin, die ich bin. Aber wer oder was?

Nicht der Spiegel («du bist dein Umriß und deine Oberfläche»),
nicht die Frauenzeitschrift – made by men – («Frau ist schlank»),
nicht die zu kleinen Kleider («uns solltest du tragen können»),
nicht die Mutter («störe nicht»),
nicht der Vater («nimm dich zusammen»),
nicht …

Also ... bin ich zu suchen dort, wo alle anderen nicht sind, wo keine fremde Stimme mir irgendetwas (noch so überzeugend oder unterstellend) zuflüstert oder -schreit.

Und wo ich sie doch alle hören und verstehen kann.

## Wollen, Fühlen, Denken

Es ist, wie wenn (...) ein menschlich-schöpferisches Geschehen verlassen und immer unzugänglicher, die Seele vom Körper wie gefesselt worden wäre. Ein Körper vermag dann zu «fesseln», wenn das in ihm Trieb- oder Willenhafte unbeherrscht schalten und walten kann. Indem die (verlassenen) geistigen Kräfte nicht durchzudringen und damit das körpergeprägte Wollen nicht zu lenken vermögen, wird solches Wollen auch gleich mein Tun: Wenn ich «Schokolade» will, ist sie so gut wie schon gegessen, und wenn ich befürchte (Angst*trieb*), etwas nicht zu schaffen, bin ich de facto schon besiegt; ich kann nichts mehr dagegen tun. Zwischen Denken und Wollen und dem, was ich dabei fühle, stimmen die Verhältnisse nicht, ist keine Vermittlung, geschweige denn Übereinstimmung, keine Harmonie — nicht (Lebens-)Freude noch Mut. Niemand, der da wäre und prüfen, gutheißen oder abweisen, wählen könnte. Die Tatsache, daß all mein Denken zwanghaft um Essen und Körper kreist und keine eigene Kraft zum Eingreifen hat, zeigt, daß sich im Kopf (Gehirn) nur noch die Vorgänge aus Stoff und Stoffwechsel spiegeln. Eine bewußte und freie geistige Führung des Geschehens ist nicht möglich.

Gibt es aus solcher Unordnung keinen Ausweg mehr? Gibt es nichts, das erkennen könnte, was wie stimmt bzw. zum Stimmen gebracht werden könnte?

Ob etwas stimmt oder nicht, das ist doch eigentlich ein Gefühl, eine besondere Art von Fühlen, das zugleich tiefes Wissen oder Erkennen ist, ein Evidenzgefühl: SO ist ES (schön, gut, wahr) – ES stimmt.

Nun aber, was hilft (mir) diese Einsicht?

Gar nichts, wenn ich vermeine, Erkenntnis und damit gleich auch mein Handeln oder gar das Wahre, Schöne und Gute darin festhalten zu können. Ob etwas stimmt oder nicht, dieses Evidenz-Gefühl kann nur für einen bestimmten Moment gelten und ergibt sich von Augenblick zu Augenblick neu. Ich bin sein Träger und sein Geburtshelfer zugleich; das heißt, ich muß mit dem Leben mich ständig wandeln. Jedoch, von Augenblick zu Augenblick (bewußt) neu sein: welch fernes geistig-seelisches Ziel! Trotzdem — das kenne ich doch irgendwoher. Von wo nur? — Bewegungen ...

Bewegungen! Indem ich mich bewege, bin ich jeden Moment «neu».

Könnte über ein Evidenzgefühl beim bewußten sich Bewegen Licht und damit Führungskraft in die dunkle Region des Wollens kommen?

Zunächst jedoch möchte ich schauen, wie es dazu kam, daß das Dunkel derart mächtig wurde. Im Kapitel «Bewegungen und eigene Sprache» werde ich die Bewegungsfrage wieder aufgreifen.

# III

# Flucht und Sucht

Ein Mädchen, hineingeboren in materielle Sicherheit und ethischen Pluralismus, in die Stumpfheit, aber auch Nervosität des Konsumismus, mit Frieden im eigenen Land und Krieg am Bildschirm, in die Dschungelhaftigkeit, aber auch Normiertheit einer inflationären Informationsgesellschaft und Bürokratie, in hochtechnisierte und anonyme Wirtschaftszusammenhänge, umrahmt von einer kraftlos werdenden, aber auch sich aufbäumenden Natur und — am Ende doch immer wieder: Wohlstand – ein Mädchen in solchen Verhältnissen auf dem Weg zum Erwachsen- und Selbständigwerden, wird dies ohne größere Schwierigkeiten – und damit meist nie. Denn ein Mensch, der so heranwächst, bleibt in der Regel ein unreflektiertes «Produkt» der Erziehung, der Kultur, der Zeitepoche; er ist im Wesentlichen nur «Fortsetzender», ohne sein ganzes, ureigenes Potential des Mensch- und Mitmenschseins zu entfalten.

Individuation, der Weg zum Eigenen und nur dadurch auch zu dringend not-wendigen sozialen Fähigkeiten, braucht anstoßen, aufwachen, fragen, suchen, trennen und neu verbinden. Für Suchende stürmen Existenzfragen und -ahnungen heran über Eigenes und Fremdes, Wesentliches und Unwesentliches, Frau – Mann, Wahrheit, Frieden, Zerstörung, Sein und Tod. Dies gilt es zu verarbeiten für den Kampf gegenüber den Versuchungen einer verdrängenden Mentalität, die sich mit bloßem «Funktionieren» begnügt – mechanisch wie eine Maschine oder aber «tierisch» triebhaft. Suchende und Nicht-(bewußt) Suchende wandern hier beide auf einem schmalen Grat zwischen Flüchten und Süchten, nur daß sie dies mit verschiedenen Mitteln und unterschiedlicher Bewußtheit tun.

Wie kann im Umgang mit einem eigenen, fast nur erst gefühlten Weltbild einerseits, den daseinsbestimmenden Normen andrerseits, Reife erlangt werden? Wie soll ein junger Mensch aus seinem Innern heraus in umfassendem Sinn zeugungsfähig werden, wenn nur wenig «draußen» überzeugt? Und wie reif aus der Pubertät hervorgehen, wenn die erwachsene Umwelt dies weitherum noch nicht vollbracht hat, indem sie weder über ein eigenständiges Urteilsvermögen noch eine realistische Zukunftsorientierung verfügt, weder geschwisterlich-gerechtes Handeln noch partnerschaftlich-liebendes (Mit-)Fühlen ausgebildet hat; alles Schritte, die mit der Geschlechtsreife doch eigentlich erwartet werden?

Diesem Mädchen gelang es nicht, für die vorhandene Fülle und für die Unvereinbarkeiten von Idealen und Realitäten die entsprechenden Verarbeitungsorgane zu entwickeln, geschweige denn zu benutzen. Es war, wie wenn es durch eine persönliche Erkrankung quasi exemplarisch die gesellschaftlichen Verhältnisse, deren paradoxes «Skript», auszutragen und mitzugestalten hätte durch eine Art Willensschizophrenie: zum Erkennen paralysiert, für Ideen fanatisiert.

Es «fand» hingegen eine Ersatzlösung, ein Angebot seiner kulturellen Einbettung: «Konsumiere alles im supergünstigen Multipack, und was zu viel ist, wirf weg.» Einzige, geschlechtsspezifische Auflage: «Frau hat schlank zu sein.» Nun, dies traf sich gut; das Mädchen wollte, es mußte doch alles ausprobieren, verschlingen, was erhältlich war, und gleichzeitig war ihm das alles zuwider – nur Ersatz, Narkotikum in der Auseinandersetzung mit dem Seelenhunger –, es mußte das wieder ausspeien, wollte sich nicht damit verfetten, wollte dünn und rein – wesentlich – und im Dialog mit der Umwelt und sich selber bleiben. Die «Entdeckung» bzw. «Erfindung» des grenzenlosen Essen- oder Zusichnehmenwollens und Erbrechen- oder Weggebenkönnens drängte sich auf.

Ein Geschöpf, das es bei der Zeugung und Geburt ziemlich eilig hatte, wuchs heran als ein unruhiges und waches Kind. Das Mädchen hatte seine natürlichen Trotzphasen, war sonst aber angenehm (angepaßt), hoch empfindsam und verfügte über eine vielseitige Begabung. Sein besonderes Vergnügen war, auf den Armen des Vaters hochzuklettern und ein wenig Leben in dessen etwas pedantische Bücherreihen zu bringen; ansonsten war es ordentlich und half in der sechsköpfigen Familie als Jüngste bald überall mit. Einmal, in früher Kindheit, als das Mädchen sein übliches Mittagsschläfchen hätte machen sollen, wollte es den Eltern und allen Geschwistern und überhaupt einfach allen sagen, daß es sie liebe. Dies auszudrücken war etwas ganz Wichtiges, aber auch Schwieriges und gelang nicht gleich. So sah es aus, als wollte das Kind einfach nicht schlafen und wurde zurück ins Bett verwiesen. Von dort aus probierte das Mädchen nochmals – bereits unter Tränen – Worte für das allumfassende Gefühl der Liebe zu finden: «Ich weine nur aus Liebe . . .», doch die Tränen ließen die Worte nicht mehr durch.

Sonst hatte es eine «erfolgreiche» Kindheit, konnte zwar kaum je etwas ruhig erwarten oder Bedürfnisse aufschieben, war aber in Schule und Sport meist vorn. Die Eltern bemühten sich in individueller und feiner Weise um die Kinder und trugen ihre ehelichen Konflikte immer erst aus, wenn die Kinder vermeintlich im Bett waren; und was das Mädchen hinter der Türe hilflos heimlich mitlauschte, was es tief in seinem Innern begrub, war kein Grund für eine langsamere Gangart. Im Gegenteil. Mit 11 Jahren begann es zu menstruieren, mit 13 wollte es über Darwin und Kant referieren. Kaum 16-jährig, ging es längere Zeit ins Ausland, wo es viel Elend miterlebte. Anstatt daß es ihm gelungen wäre, dieses mit seinem brennenden Wunsch nach Solidarität und Tatkraft zu vermindern, wurde die das Kind überwältigende Not bald durch eigene Alkohol- und Drogensucht vermehrt. Nicht eben so schnell, wie es versumpfte, aber immerhin doch, strampelte es sich wieder frei, arbeitete in diversen Institutionen, durchlebte verschiedene Freundschaften, machte eine gute Ausbildung und erhielt eine attraktive Stelle, war eifrig, hilfsbereit, beliebt. Doch irgendwie lag da eine Fremdheit zwischen ihr und den Andern. Be-liebt, ja, aber auf Distanz. Ge-liebt zu werden, geliebt sein, wo war es geblieben?

Aber die Eltern liebten es doch, und eigentlich auch die Geschwister, und T. wollte sich das Leben nehmen, als es ihn verließ, und mit R. und F. hatte es ebenfalls selber Schluß gemacht. Und die Freundinnen hätte es nur wieder einmal anrufen müssen, mit ihnen etwas gemeinsam unternehmen. Auch seine Lehrer und Arbeitgeber mochten es.

Aber das Mädchen, es mochte SICH nicht. Mit zunehmender Bedrängung durch die Pubertät glaubte es immer weniger, etwas Wirkliches (Wesentliches) bieten zu können und wurde plötzlich dick und still. «Nimm dich zusammen», sei dies und jenes und anderes nicht. Das ging ja alles ganz gut, und die fremden Hoffnungen erfüllen zu können war schön, bis – die Fragen auftauchten, die Fragen, die keiner beantworten konnte oder wollte, die keiner ernst nahm: «Wo ist Gott, was ist nach dem Tod, warum seid ihr nicht lieb miteinander, ...» Stattdessen wuchsen Brüste und der Bauch begann einmal im Monat zu bluten. Und die Noten wurden schlechter, die Abkapselung und Schleckereien häufiger, immer unentbehrlicher, die Leistungen dünner und dünner und der Körper dicker und dicker. Ein seelisch-geistiges Leichtgewicht und buntes Chaos, mit der Angst, den Boden unter den Füßen zu verlieren, schaffte sich einen physischen Widerpart: ein Schwergewicht, natürlich schwarz gekleidet. Wenn schon der Idealismus bitterlich ins Leere lief, wollte wenigstens der Körper seine süße Fülle: leeres Leben, voller Magen, um ... gleich danach mit Erbrechen die Welt auf den Kopf zu stellen, in der Sehnsucht nach dem Ursprung: leerer Magen, volle Lebensphantasien. So hatte es die Bulimarexie eines Tages regelrecht für sich erfunden und jahrelang nicht geahnt, daß mit ihm unzählige andere ebenfalls daran sind, durch die Konsequenzen ihrer genial-fatalen «Erfindung» oder Nachahmung zerstört zu werden.

## Zur Geschlechterfrage

Ein Mädchen, eigentlich schon längst eine Frau. Eigentlich. Hatte bereits eine berufliche Karriere und mit seinen 33 Jahren das Alter einer jungen Großmutter. Es fühlte sich auch alt, uralt sogar, irgendwie todmüde. 15 Jahre Kampf und Leiden, 20.000 mal erbrochen, 30.000 kg zu viel gegessen. Sterben hätte es gewollt, wenn – wenn da nicht das Kind noch gewesen wäre, das Kind, welches ich selber geblieben war, mit seinen Hoffnungen und Fragen, aber seelisch nicht erwachsen geworden.

Ich hatte das «Brot» zu mir genommen, zehntausendfach, ohne es zu verdauen. Es konnte sich nicht «wandeln». Ich konnte Gefühle, Bedürfnisse, Einsichten nicht regulieren, nicht zeigen, nicht differenzieren, nicht ertragen, nicht verarbeiten. So blieb ich in der Entwicklung seelisch-geistig stehen – hatte mich nicht (zur Frau) gewandelt, war unreif geblieben.

Unreif? Das kann doch auch heißen: noch entwicklungsfähig! Handelte es sich denn primär nicht weit weniger um eine Störung im Reifungsprozeß als wesentlich mehr um ein Zuviel an Verantwortungsdruck angesichts der vorgelebten Entwicklungssackgassen? Wenn ein Ergebnis nicht verantwortbar scheint, ist es doch eigentlich gesund, dessen Eintreten verhindern zu wollen. Oder wer opfert die Hostie dem Teufel?

Unreif bleiben – eine Chance? Warum waren es denn ursprünglich fast nur Frauen (und keineswegs Frauen, die ihre Weiblichkeit verneinen), die durch Verwehrung einer «automatischen» Reife sich eine solche Entwicklungsfähigkeit potentiell erhalten? Diese Fragestellung wird zu grundlegend anderen Antworten führen als die (gewissermaßen polar dazu) viel öfters gehörte Anklage: Eßgestörte, erbrechende Frauen als Opfer, Opfer einer frauenfeindlichen, männerdominierten Gesellschaftssituation, Opfer der Medien mit ihrer Schlankheitstyrannei, Opfer der Erziehung zum schwachen Geschlecht ... Kein Zweifel, dies dürften schwerwiegende krankheitsbegünstigende Faktoren sein. Ist aber nicht auch genügend gesunde Frauenkraft weitherum vorhanden, als daß nicht eine «Wahlsituation» vorhanden wäre: Welches sollen meine Vorbilder sein; von wem lasse ich mich wie bestimmen; was will ich selber? Allein schon die Tatsache, daß heute bereits auch viele junge Männer bulimarektisch werden, fordert andere Fragestellungen.

Also keine alleinige Frauenfrage; es ist eine menschliche Frage, die sich mit dem Zeitalter rasch zunehmender Bewußtwerdung für immer mehr Menschen immer dringlicher zu stellen scheint. Hier aber kann man zur Feststellung kommen: Es gibt offensichtlich geschlechtsspezifische Unterschiede, wie Männer und Frauen sich dieser Frage stellen, vielleicht auch, wie wir sie an uns herankommen lassen.

Dieser Erfahrungsbericht will und kann kein wissenschaftlicher sein. An diesem Punkt weiterzuforschen ist spannend und wertvoll. Einiges deutet darauf hin, daß es etwas gibt wie eine «Mission der Frauen» als «unreifes Geschlecht», daß sich Frauen anders als Männer eine gewisse Unreife (nur im evolutiven Sinn) erhalten haben. Vielleicht erhalten müssen, um für weitere, nötige gesellschaftliche Entwicklungsschritte noch entwicklungsfähiger zu sein? Eben deshalb wären sie dann (vorerst) auch besonders anfällig für «Reifungs»-Krankheiten (Eßstörungen und andere Neurosen), wohingegen Männer häufiger «Anpassungs»- und Zerstörungs-Krankheiten erliegen (Herzinfarkt, Gewalt nach außen, Alkoholismus).

# IV

# Krank

Aus der Anschauung des Zusammenwirkens von Körper, Geist und Seele erscheint mir als *krank* dasjenige, was im Bereich des Lebendigen außerhalb der natürlichen Abbaukräfte zerstörend wirkt. Die Frage, ist Bulimarexie eine Krankheit oder «nur» eine Verhaltensstörung, ergibt sich so nicht; diese Streitfrage vermag ebensowenig Licht für ein umfassendes, d.h. nicht nur «verhaltenstherapeutisch» die Symptome wegtrainierendes Heilungsgeschehen zu spenden wie eine moralisierende, anstelle einer sachbezogen-phänomenologischen Sicht auf Schuld- und Opferanteile von uns allen.

Woher kommen wir – wohin gehen wir, wer bin ich, was ist Liebe – wo ist sie geblieben? Ursprünglich begeisternde, dann unheilvolle und jetzt wieder hoffnungtragende Fragen. Doch die seelische Verwundung, als ich an ihrer Mächtigkeit scheiterte, konnte schier grenzenlos werden. Ein Empfindungsmeer, das mich ertränken wollte, ein Verstandesterror, der mich daran zwar hinderte, aber nicht schwimmen zu lehren vermochte; zusehends war nur der sichere Abgrund in Sicht. Wie obige Anfangsfrage den Tod impliziert, so kann auch eine Krankheit, welche Antwort auf terminale Fragen enthält, tödlich verlaufen. Alles oder nichts, bzw. alles essen *und* nichts behalten war Devise, ein zweieiniger Weg, der scheitern mußte. Denn es war kein Weg; es waren unvereinbare, unversöhnbare Standpunkte.

Es war ein Leben in permanenter, angespanntester Zerrissenheit, das zur Lüge zwang. Kein Wunder die Selbstverachtung, der Ekel und die Scham sowohl beim Essen wie beim Brechen; jedoch nicht in erster Linie wegen dieses Verhaltens an sich (gewisse Römer fraßen und kotzten auch, vermutlich ohne diese schlechten Gefühle dabei zu haben), sondern wegen dieser über und unter allem liegenden, ins Bewußtsein eintretenden (Lebens-)Lüge: das mich Identifizieren(lassen) mit Kräften, die ich nicht wirklich selbst bin. Folgerichtig war das Gefühl des Besiegtwerdens, der Niederlage verbunden mit dem Versinken in Depression und, als deren manische Gegenstimmung: das Abheben in Euphorie und Wahn. Ich lag zerschmettert am Boden oder schwebte getrieben in unfruchtbaren Höhen und sah keinen Ausweg. Eine verzweifelte Situation, ein Selbstmord auf Raten, es sei denn, ich vollzöge ihn gleich.

Wollte ich sterben? Wollte ich nicht vielmehr ausbrechen aus einer rundum scheinheiligen Welt, bzw. nicht in sie hineinkommen? Jein. Ich stand unter der verzehrenden Sehnsucht, «alles» Leid auf dieser Erde dem Schein-Heil zu entreißen, es zu verwandeln, und zwar sofort. Daß im Physisch-Irdischen Zeit braucht, was im Seelischen gleichzeitig da sein kann als Ist- und Sollzustand, dies wollte mir weder in den Kopf noch ins Herz. Ungeduld und falsches (Selbst-) Mitleid, pendeln zwischen Machbarkeitseifer und Resignation, anstatt ruhig beobachten, erkennen, wachsen- und reifen zu lassen, rissen mich selbst in ein scheinheiliges Tun: tun als ob ich verdauen, verwandeln würde — riesen Mengen, sofort.

Indem ich aber diese seelischen Verirrungen, meinen Selbstbetrug, grundsätzlich erkennen und, mich abgrenzend, zeitweise damit umgehen kann, werde ich an und über eine seelische Grenze geführt, in einen ureigensten Wesenskern. Hier ist nicht mehr Schein. Erst da sehe ich wahres Ich, Teil einer geistigen Ganzheit und als solche nicht durch psycho-somatische Vorgänge zerstörbar. Das ist es auch, warum ich in diesem Kapitel «Krank» den Geist nicht anführen kann, so wie Seele und Körper. Das Geistige kann sich falsch manifestieren, ungesund erscheinen, nicht aber selbst erkranken.

## Der Körper

Die seelische Verirrung ging Hand in Hand mit der körperlichen Zerstörung. Schaffte ich's mal, nicht zu erbrechen, überkam mich eine unendliche Müdigkeit und gleichzeitig größte Unruhe. Es folgten schlimme Schmerzen und eine explosive Hitze im Kopf, Magenbrennen, Blähungen, Verstopfung; ich zitterte und krampfte, und wenn das alles ausgestanden war, suchte mich dieses grauenvolle Frieren heim, legte sich auf alle Knochenhäute – wie ein Zwang, mit dem Tod zu schlafen.

Obwohl einerseits gepeinigt vor Hast, manifestierte sich andrerseits eine zunehmende Verlangsamung. Reaktions- und Koordinationsvermögen, Gleichgewichts- und Gedächtnisleistungen verschlechterten sich. Der Körper rebellierte: Bauchspeicheldrüse, Leber, Nieren vermeldeten ihre (Noch-) Existenz, während es von allen Zähnen Abschied zu nehmen galt.

Brechen ersetzte den Schlaf. Jahrelang konnte ich so mit wenigen Stunden Schlaf leistungsfähig bleiben. Mit der Zeit allerdings gaben die Träume das Tagesgeschehen wider. Nahrungsbeschaffung, Essen und die Kunst des «Um-jeden-Preis-unbemerkten-Brechens» waren deren Inhalt. Später wurde ein Tiefschlaf kaum mehr erreichbar; Traum- und Wacherleben mischten sich in einer Schlaf-Wachgrauzone.

Nun ging es gesundheitlich rapide bergab. Die Seele konnte sich kaum mehr von physischen Bedürfnissen lösen; die «Verstopfung» bemächtigte sich auch der Träume, und die Regenerationskräftequelle versiegte zusehends. Kreislaufbeschwerden wurden bedrohlich. Einmal erwachte ich ohne Empfindung der Gliedmaßen. Erst als die Erinnerung aufstieg, du hast doch Arme und Beine, ging ich sie suchen und fand sie langsam, langsam, indem das Gefühl in sie zurückkehrte. Das war der Anfang mehrerer Lähmungserscheinungen.

Die physische Erkrankung sank noch tiefer und jetzt ins Zentrum: sie erreichte das Herz. Herzrhythmusstörungen, beängstigende Enge; schließlich wurde die Sprache des Herzens ultimativ: (vermeintlicher) Herzstillstand und dessen gleichzeitige Wahrnehmung verbunden mit einem gewaltigen Schreck, dank dem das Pochen wieder einsetzte. Auf die eisige Erstarrung folgte der kalte Schweiß in Strömen und damit auch der heiße Schwur: Keine Wiederholung, um keinen Preis!

## Die Mitwelt

Jedermann und jedefrau hat wohl das Bedürfnis, IN zu sein. Dazu braucht es per definitionem andere, die OUT sind, sonst kann sich das IN überhaupt nicht etablieren. Legte sich nun jenes verhängnisvolle (pubertäre Hinter-)Fragen in meine Seele, so hatte ich große Aussichten, weder bei den einen noch bei den anderen dazuzugehören. Ich blieb gewissermaßen OFFEN und riskierte damit, auch ZU-gehen zu können. Aber auch ohne Fragen, durch simple Nachahmung und Reproduktion, hatte ich gute Chancen, lediglich das zu werden, was man IN, OUT oder ZU nennt; denn wo findet sich eine wirklich offene Umgebung? Und was heißt denn «offen»?

Ein lebendiges Geschehen, und das sollte wohl eine Gesellschaft, ein sozialer Organismus sein – oder streben wir einen sozialen Mechanismus an? –, ist gesund, wenn es offen ist, in einem Fließgleichgewicht zwischen Autonomie und Abhängigkeit. Völlige Autonomie ist eine Utopie und wenn schon, dann am ehesten leblosen Dingen vorbehalten. Genau dies, Autonomie um jeden Preis, wird aber heute gesellschaftlich für den Einzelmenschen gefordert. Abhängigkeit wird zunehmend als Störfaktor empfunden, den es auszuschalten gilt und wird sozial stigmatisiert; sich helfen lassen (müssen) reicht in die Sphäre der Abnormalität oder hat mindestens seinen (kostenmäßigen) Preis. Dabei wäre doch sinnvolle Abhängigkeit unverzichtbarer Teil sozialer Gesundheit und könnte aus wirtschaftlichen Solidarpraktiken heraus erst recht fruchtbare Unabhängigkeit ermöglichen, z.B. für freies künstlerisches und geistiges Schaffen.

Diese Problematik scheint mir bei der Entwicklung der Krankheit von großer Aktualität, besonders eben auch als Spannungsfeld für eine (heranwachsende) Frau. Was hängt nicht alles mit der (Dis-)Qualifikation von Abhängigkeit zusammen und liegt als Auseinandersetzung mit der Frage von «eigen – fremd» geschlechtsübergreifend so scheinbar verschiedenen Krankheiten zu Grunde wie Süchten, Allergien, Krebs (?), Aids: ein «artenreicher», entscheidender Orientierungslauf zwischen zuviel und zuwenig oder falsch eingesetzter Immunität, das Auffinden der richtigen Koordination in den Spannungsfeldern von Selbstbeschränkung – Selbstverlust, abgrenzen – zulassen, Selbständigkeit – Nähe, rebellieren – kuschen, Kontrolle – Hingabe, geben – nehmen, Unterforderung – Überforderung, annehmen – beschuldigen und dessen Sublimation in Leistung/Anerkennung. Letzteres ist eventuell ein Faktor für das Verständnis von «demonstrativen» und «geheimen» Bulimarektikerinnen. Doch alle diese Seins- und Verhaltensweisen werden weit öfter in den Bereich des Nur-Individuellen gedrängt, anstatt sie vermehrt auch sozial zu beleuchten. Was hieße denn z.B. (Mit-)Menschlichkeit praktizieren oder gar «gelebtes Christentum»? So fördert auch die Mitwelt entscheidend persönliche Isolation, Entfremdung und Entgrenzung — Angst und ihre Folgen.

Jahrelang hatte ich nicht von meinen Schwierigkeiten gesprochen. Dann nur vereinzelten Fachleuten gegenüber, Hilfe erhoffend – um es sogleich oder etwas später zu bereuen, aus besagten Gründen. Ich werde darauf zurückkommen im Kapitel «Verwandlung».

Verheerender noch als die problematische Werthaltung in der Abhängigkeitsfrage und mit ihr in engem Zusammenhang, wirkten auf mich jene Verhältnisse in der Mitwelt, welchen wir ausgesetzt sind wie einer Art umfassender *gesellschaftlicher Bulimarexie*: Materialismus, Konsumismus (die Nahrung, der Körper, Fähigkeiten, Erlebnisse als Ware), Raffgier und Wegwerfmentalität. Wer nicht ein Inseldasein führen will – privilegiert oder sektiererisch jegliche Zeitgenossenschaft meidend – dem ist kaum ein Entrinnen möglich aus dem Wechselbad von Überfütterungsattacken und Futterentsorgungsarrangements im «Stil» eines allgegenwärtigen Supermarktes oder beampelten Verkehrssystems: Grün heißt zugreifen, dich durchsetzen, bei rot laß dich einlullen – hier rein, dort raus. Übergib dich wie ein wildes Gewässer der weisen Lenkung von Schleuse und Stau. Und denk nicht zuviel.

Wir werden schleichend-sanft eingewöhnt in die Bombardierung mit Informationen, Sounds, Reizen, sich staffettenhaft ablösend mit Entspannungs- und Entleerungssuggestionen, Verdrängungsmethoden, Training im Tun als ob, im Überspielen – Hauptsache, der «Apparat» funktioniert.

Wen wundert es da, wenn sich auch individuelle Wege dieses kulturellen Lügenangebots bedienen? Eine neue Variante aggressiver Notwehr gegen den Aggressor «Gesellschaft» bei gleichzeitiger Identifikation mit ihm? Wer ist die Gesellschaft? Die Frauen, die ihr Kotzen nicht verbergen, tun dies wohl auch aus Wut oder als Hilferuf. Ist es nur Mangel an Mut, wenn nicht viel mehr demonstrativ gebrochen wird? Warum gibt es (noch) keine Gruppenrebellionen, wo z.B. Frauen kollektiv und unter sich solidarisch vor Schlankheitsfirmen und fast-food Ständen kotzen? Dies mag eine unappetitliche Vorstellung sein, jedoch weit weniger ekelerregend als z.B. Herstellungsprozeß und Anpreisung gewisser Schlankheitsmittel und Eßwaren, die Arbeitsbedingungen der am Fließband mit Schutzmaske Arbeitenden, die Lebensbedingungen, sprich Folter- und Tötungsmethoden für die erforderlichen Tiere.

Trotzdem: Solches mehr oder minder phantasievolle Nach-außen-Kehren innerer Verletzungen, wie es ein öffentlich-rebellisches Kotzen wäre, könnte «die Gesellschaft» nicht bessern, sondern nur ebenfalls anfechten. Deshalb scheint es mir sinnvoller, nach Lösungen zu suchen, mit welchen Krankem Gesundes, Wüstem Schönes gegenübergestellt wird, anstatt nochmals Negatives. Letztlich beeinflussen die Gesellschaft wir selber mit unseren Heilungswegen.

# V

# Fragen und Hören

# Sprache der Krankheit

Jahrelang wollte ich mich der Krankheit entledigen. Mit Gewaltanstrengungen versuchte ich stets von neuem, die Symptome zu eliminieren, auf eine Art und Weise, die zwangs-läufig das erneute Scheitern anlegen mußte. So ließ sich die Krankheit nicht vertreiben, begleitete mich weiterhin treu, und nie hatte ich sie gefragt: «Was willst du?»

Wenn ich ältere Leute erzählen höre oder historische Schilderungen von alltäglichen Abläufen lese, so entsteht der Eindruck, daß Fragenwollen und somit das Vorhandensein von Verhaltensalternativen für eine Vielzahl von Menschen – nicht nur für einzelne Führende – moderne und zunehmende Phänomene sind. Vieles scheint früher weltanschaulich und gesellschaftlich viel klarer, festgelegter gewesen zu sein. Dadurch hatte der Einzelmensch ein stärkeres Kollektivselbstbild, und die Lebensbewältigung geschah ebenfalls durch kollektive Orientierungshilfen. Heute, so erleben es viele, sind wir viel mehr auf uns selber verwiesen mit allen Vor- und Nachteilen.

Während der Krankheit hat sich bei mir diese Entwicklung im Kleinen wiederholt. Alles war geordnet, offensichtlich oder subtil normiert. Ich war Teil davon. Doch ein anderer Teil von mir wollte sich weiterentwickeln, freie Kräfte retten und entfalten; er hat Maßstäbe ins Wanken gebracht, Grenzen gesprengt und – ist (vorerst) im Maßlosen versunken. Wir sind als Konsumgesellschaft exakt auf dem selben Weg.

Auf keine Hilfe von außen konnte ich zurückgreifen. Erst durch die sehr ernsthafte Erkrankung des physischen Leibes realisierte ich, daß ich mein Leben und Sterben in den eigenen Händen hielt: Geh in dich; du findest (d)ein eigenes Maß oder keines. Spielt sich kulturell und mit unserer Erde nicht dasselbe ab? Entweder wir ergreifen aus dem Bewußtsein der globalen (Krankheits-)Situation heraus freiwillig Einschränkungen und intensivieren Anstrengungen für qualitative Gesichtspunkte, oder wir werden der Maßlosigkeit erliegen.

Ganz ähnlich wie mit Maßstäben verhält es sich mit Rhythmen. Rhythmus spielte früher eine viel stärkere Rolle. Die Alltagsgestaltung war getragen vom Rhythmus der Jahreszeiten, des Schlafens und Arbeitens, der verwandtschaftlichen und familiären «Rituale» und der religiösen Feste. Zunehmend verschwindet ihre Bedeutung, ja ihre Existenz oder die Wahrnehmung davon.

Dasselbe Geschehen spielte sich in meiner Krankheit ab. Vor deren Ausbruch war der Alltag ausgeprägt rhythmisch: Schule oder Arbeit, Training, Aufgaben, Schlafen; jeder 7. Tag (äußerlich) ein Sonntag, jedes Jahr hatte (äußerlich) Ostern, Weihnacht, Geburtstag usw. Dann brach ein existentielles Bedürfnis durch nach Verlebendigung solch sterilen Alltags, nach dessen Lockerung oder Vertiefung. Und diese Entwicklung endete vorerst in Abläufen einerseits außerhalb fast alles Rhythmischen, andrerseits in dauerndem Wiederholungszwang: Schlafen, Wachen, Essen in willkürlicher Dauer und Abfolge; selbstgefangen in Fülle beim Essen und gleich darauf entfremdet und hohl nach dem Erbrechen, Gleichzeitigkeit und Dauerdiktat von Schwelgen und Kasteien; keine Feste bzw. ein «Dauerfest»; keine jahreszeitlich sich unterscheidenden Lebensmittel oder veränderten Lebensweisen. Ein Zusammenklang von Gefühl und Verstand ging vollends verloren wie auch die Fähigkeit zu lachen, zu weinen. Damit verbunden war eine erschreckende Abnahme des Gedächtnisses (ich ahne, warum man früher rhythmisch auswendig lernte). Kreislauf und Menstruationszyklus wurden gestört, andere rhythmisch arbeitende Organe geschädigt.

So gilt für Rhythmen – analog den Normen: Sind sie einmal verloren oder automatisiert, gibt es wohl kein gesundes

Zurück zu nur äußeren und gegebenen Rhythmen. Sie allein tragen nicht mehr.

Aber: sei still, sei still und horch. Aus innerer Kraft können Lebensverhältnisse wieder rhythmisiert werden und die gesetzlichen Abläufe in der Zeit neu ihre Bedeutung finden.

Werde z.B. wach für die rhythmischen Entwicklungsmöglichkeiten in den eigenen und den kulturellen Lebensstadien, oder für eine «Rhythmik des Augenblicks»: das Wechselspiel und die Harmonie von Innen und Außen, Mensch und Umwelt. Rhythmisch gestaltete Abläufe ersparen einiges an Kraftaufwand; doch während die lediglich übernommenen Rhythmen heute eher Erstarrung fördern, kann aus den neuen Rhythmen, den selbst gefundenen oder gewählten, eine verjüngende Lebenskraft wirksam werden, individuell und sozial.

Rhythmus wird mir auch geschenkt aus dem Suchen, das mit dem Finden zusammen eine Art Atem ergibt. Auch gesellschaftlich ist viel Suchen zu beobachten. Suchen oder Fragen ist Bewegung und bestimmt gesund angesichts zunehmender Gefangen- und Ausgelassenheiten, Automatismen und Orientierungslosigkeit. Suchen entwächst einem Verlust in der Vergangenheit und enthält, der Möglichkeit nach, Gegenwart und Zukunft, tätiges Sein und Werden — Grundbedingungen alles Lebendigen schlechthin.

Indem die Lebenskraft der Natur und ihre Wirkung auf uns abnimmt, werden wir zu anderen Lebensquellen, nach innen verwiesen.

Diesen Weg muß jeder selber gehen. Und soll das Resultat nicht einfach eine neue Form der leblosen Anpassung, Normierung, des bloßen Funktionierens sein, so ist dies meist ein — scheinbar — *langsamer* Weg.

So lernte ich verstehen, daß jedes Suchen nach weiteren, nur äußerlichen Maßstäben vergeblich sein muß, wenn die Maßlosigkeit einmal erreicht ist. Ein erweitertes Bewußtsein ist vonnöten, welches Bedingtheiten aus Raum und Zeit zu transzendieren vermag. Menschheitlich sind wir ebenfalls in Grenzenlosigkeiten angekommen, wissenschaftlich wie spekulativ, makrokosmisch und mikrokosmisch.

Meßeinheiten aus der materiellen Welt, werden diese auch immer präziser und raffinierter, genügen allein nicht und können verheerend sein, wenn sie für Dimensionsloses, für Kräfte «hinter den Dingen» verwendet werden. So z.B. bei der «wissenschaftlichen» Zukunftsplanung (inklusive meiner eigenen Gesundwerdung) einzig auf Grund erhobener Daten aus der Vergangenheit – den Meßwerten des bereits Gewordenen – oder wenn ich meine, eine Blume zu kennen, wenn ich ihren Namen, Anzahl und Form der Kelch- und Kronblätter, ihren genetischen Code weiß, aber nichts über die Kräfte, die solches alles hervorbringen. Woher rührt denn z.B. die geometrische Anordnung dieser Blätter, die Gestalt eines Lebewesens, und wie kommt Leben in die «Codes»?

Daß ich erkrankt bin und an *dieser* Krankheit erkrankt bin, ließ die Ahnung aufsteigen, daß mir eben diese Krankheit nicht nur über das WAS an Krankheitserfahrungen, sondern auch über das WESHALB und WOZU Aufschluß geben könnte.

Indem die Sprache des erkrankten physischen Herzens ultimativ wurde, ließ ich mich – reichlich spät – zum ersten Mal wirklich los. Ich verweigerte eine erneute Spitaleinweisung, blieb zu Hause liegen bis – bis ich von innen heraus, von «oben herab» oder von woher auch immer, wissen würde, wie (m)ein Herz in der Tiefe zu heilen sei. Auf diese Weise, nichts wissend, nichts könnend, nur offen – wartend, ließ ich auch ab von all den heftig verteidigten bzw. umklammerten Standpunkten, z.B. wie ich oder «die Welt» zu sein hätten.

Als dann nach Wochen solchen Innehaltens die Frage geboren wurde: «Krankheit, was willst du?» war das eine erste

Berührung mit einem veränderten Bewußtsein, und ihre Antwort kam wie aus Urtiefen: «Ich will dir etwas sagen.» Nun ging es also darum, weiter hinzuhören, was sie mir denn zu sagen haben könnte – um, wenn mir die Botschaft mißfiel, Ohren und Herz erst recht zu verriegeln und «abzustürzen» ... Doch das Gespräch, das ich so bitter vermißt hatte, nahm seinen Anfang und begann langsam, langsam besser zu schmecken als die stumme Anwesenheit, die Leugnung und Ausweglosigkeit der Krankheit und meine sterilen Monologe. Ich merkte, daß ich mich jahrelang einer Sprache verschlossen hatte, indem ich sie dauernd mit meinem Selbstgespräch übertönte — selbststrafend, selbstbemitleidend, selbstüber-, selbstunterschätzend, selbst-, selbst ...

Wie lohnte es sich doch, die Krankheit endlich als Partnerin anzuhören: Für mich war die «Krankheit» krank und ich gesund, für die «Krankheit» ist es umgekehrt.

Unser Gespräch hat bis heute nicht aufgehört, auch wenn ich nicht mehr breche oder über- bzw. untermäßig esse. Die «Krankheit» erzählt und lehrt fortlaufend Neues. Von besonderer Bedeutung für einen wirklich beginnenden Heilungsprozeß waren jedoch ihre im nächsten Abschnitt folgenden Aussagen.

## Sinn der Krankheit

Im Erleben, daß die Krankheit «spricht», mich etwas «lehrt» usw. begann sich natürlich *der* Sinn des Krankseins zu erfüllen: Erweiterung des Bewußtseins für das Du in mir, das höhere Selbst bzw. Ich, das nun über die Sprache der Krankheit seine Stimme (wieder) erhalten hat.

Die endlich gehörten Aussagen waren folgende:

— Du brauchst mich nicht zu fragen oder zu hören; ich bin nur ein Angebot, Dir etwas zu sagen, Dich zu führen, wenn Du willst.

— Du kannst keine bisherigen Erfahrungen (überwundene Alkohol-, Drogensucht) auf mich übertragen. Um Dich von mir und mich von Dir zu befreien, mußt Du einen grundlegend neuen Schritt erlernen.

— Bisher hast Du in Extremen gelebt; ganz gut sein oder alles fahren lassen, Idealfigur haben oder Auseinanderplatzen, ganz lieben und geliebtwerden oder Dich isolieren, umbringen. Dies hat Dich auch in die früheren Süchte getrieben und tatsächlich mit derselben Radikalität und Willensanstrengung auch wieder heraus.
  Jetzt heißt die Frage nicht mehr «Entweder-Oder». Bei der Ernährung kann Dein Alles oder Nichts nur tödlich enden — rasch oder langsamer.

— Für den Umgang mit Nahrung brauchst Du ein Drittes, das Du bislang nie lernen wolltest, auch und gerade in Deinen vergangenen Sucht-(Selbst-)Heilungen nicht.
  Dieses Dritte ist ein Weg der Mitte.

Mitte! Welch Reizwort; exakt aus der Mittelmäßigkeit wollte ich doch ausbrechen. Polarität war angesagt: gut – schlecht, sofort oder nie, alles essen oder nichts, reiner Verstand oder bloße Gier. Mitte als Heilmittel! Damit legt die Krankheit also den Finger genau auf die Ausgangsproblematik, auf die Unmöglichkeit eines zweieinigen Weges, auf die Unfruchtbarkeit von Standpunkten und moralischen Imperativen: Sei etwas Besonderes, aber passe dich an; alles konsumieren, aber das (Körper-)Maß behalten; sei reich und nicht schuld an der Armut, sei mobil und besinnlich, modern und natürlich; Herr, gib mir Geduld, aber schnell …

Erweist sich die Krankheit möglicherweise als ein Weg aus unserer Trennsucht, aus dem alles spaltenden Dualismus, einer Einteilung der Welt in weiß und schwarz, als ob diese Werte – ein ideelles Gefüge – direkt ins praktische Leben übernommen werden könnten? Jedoch sind sie im Leben nirgends wirklich zu finden, sondern nur ihr Zusammenwirken in Hell und Dunkel, wahrzunehmen in allen Nuancen der Farben. Krankheit, willst du wieder zu Farbe aufrufen, weg von Standpunkten, hin zu Bewegung, das ganze Farbenspektrum ausschöpfend und mitgestaltend? Dann wäre die Krankheit keine Niederlage, sondern ein Weg aus und außerhalb der Sackgasse? Alles scheint sich in der Welt zu polarisieren: Reiche – Arme, Funktionierende – Strauchelnde, Gewalt- und Friedensfähige ... Wer oder was versöhnt die Gegensätze? Die Krankheit, wenn sie nicht letal verläuft, trägt förmlich das Ideal und die Kraft in sich, einen Mittelweg zu entwickeln. Und, wer die Polaritäten gründlich kennengelernt hat, wird zwischen Mitte und Mittelmäßigkeit zu unterscheiden wissen.

«Männer bzw. die Westmächte machen Politik aus dem Kopf, die Frauen und der Osten agieren aus dem Bauch!» Welch destruktives Schlagwort, nicht nur seiner Pauschalisierungen wegen, sondern auch weil dadurch vor allem das Trennende betont wird. Der Volksmund ist bekanntlich weise; würde das Volksherz nur seine eigene Sprache ernst nehmen, so ginge daraus klar hervor: Es gibt verschiedene Ansätze (Standpunkte), die Welt zu betrachten. Was wären wir ohne «Kopf»-, was ohne «Bauch»- Regungen. Bestimmt brauchen wir beides und offensichtlich genügt beides nicht. Es braucht zudem etwas, das beides versteht und verständlich machen kann dadurch, daß es selber weder das eine noch das andre, sondern beides – Mitte und Vermittler – ist. Es braucht auch die Sprache des Herzens.

Es ist wohl eine Frage nach der Henne und dem Ei, ob die gegenwärtige heillose Zerstreuung Ursache dafür ist, daß wir kaum noch über eine Mitte verfügen, die uns trägt, oder ob, mangels einer solchen, die ungestillte Sehnsucht danach uns in Zerstreuung und Verbohrtheiten oder Zerreißproben führt.

# VI

# Heilung

# Geistes-Gegenwart

Als es endlich soweit war, daß ich meine Situation der Ratlosigkeit und Ohnmacht an-erkennen konnte, war eine Frage möglich geworden. Eine wirkliche Frage enthält immer etwas von einem Wendepunkt: die Umkehr der Aufmerksamkeit und des Interesses von mir zum andern. Dies wiederum ist nicht möglich ohne einen Moment des Loslassens und der – Ruhe, sonst nehme ich das Interesse für mich selber mit in die Frage hinein.

Durch dieses Berührtwerden, mich Berührenlassen von etwas in ewiger Unrast Vertriebenem, schmerzlich Vermißtem und Gesuchtem, der Ruhe, geriet vieles – in Bewegung. Ein geheimnisvolles Paradoxon. Aufleuchten einer Wiedergeburt wahren Interesses, der Möglichkeit, wieder «mitdabeizusein». Es ist seither, als ob ich in dem Maße, wie es gelingt meinen Platz zu räumen, zum «Saal» werden könnte, der Plätze anbieten kann anstatt einen davon verteidigen zu müssen. Einfacher und allgemeiner gesagt: der vielgepriesene, winzig riesige Schwenk vom Haben(müssen) zum Sein(dürfen). Hier und Jetzt. Gegenwart. Doch was heißt das konkret?

Nie hätte ich er-messen können, daß diejenige Zeit, die bisher nur ein fiktiver geometrischer Punkt war, die umfassendste, eine lebenssprühende Dimension ist. Gegenwärtigkeit ist getragen von Vergangenheit und Zukunft und ist von ihnen doch unberührt. Sie kann erlebt werden als etwas jenseits von Vergehen und Entstehen — ewig; was sie enthält, hat keine Begrenzung, ist Punkt und Unendlichkeit, immateriell. Es gibt also etwas rein Geistiges in der Gegenwart, in der «Mitte» zwischen Vergangenheit und Zukunft oder vielmehr in der Gegenwärtigkeit: unmittelbare, vermittelnde Geistesgegenwart.

Dies muß wohl auch gemeint sein mit jenem eigenen

Maß, das es zu finden gilt (vgl. S. 57). Und es fällt mir wie Schuppen von den Augen, daß sämtliche Maßstäbe für lebendige Wesen und Vorgänge, Verhältnisse, nicht wirklich meßfähig sind, wenn sie nicht auf einem Maßpunkt gründen, von dem das gemeinsame und somit lebenskräftige Band für alles Geschehen ausgeht. Geistesgegenwärtig blikken wir nicht nur auf dieses Geschehen, sondern wir sehen auch unser eigenes Darinnenstehen, weshalb dieser Maß- und Ausgangspunkt von uns selbst als beseelter Mittelpunkt erlebt werden kann.

«Finde (d)ein eigenes Maß» meint also auch: Finde dich selbst zunächst als Messenden.

## Lust und Freude

Wieder naß das Wasser, die Bettdecke weich, ich lebe: jahrelang fühlte sich alles an wie toter Plastik! Noch heute wollen mir Tränen der Freude in die Augen treten bei der Erinnerung an den Moment, als die Dinge und Vorgänge um mich herum wieder Eigenschaften anzunehmen begannen. Dies wurde aus den Ansätzen von Hingabe, Aufmerksamkeit und Interesse heraus neu möglich. Über ein Jahrzehnt diktierte statt der Qualität allein die Quantität: viel, mehr, alles (essen/brechen), nochmals, schneller; es war wie in einer eisig kalten Beton- und siedend heißen Sandwüste zugleich; so heiß und kalt, daß es einerlei wird. Die Schönheit des (durch mich gefühlten) nassen Wassers, der weichen Decke, der Lebenskraft – es ist unbeschreiblich. Es ist nicht das «naß», «weich», «leben» von einst, weil das Interesse etwas wie eine Umstülpung erfuhr und nun vielmehr den Objekten selber gilt statt meiner Ausbeutung derselben. Wahrnehmen wird so zum Fragen und das Wahrgenommene antwortet, indem es etwas von seinem Inneren oder Wesen mitteilt.

Für das eigene Erleben ist dies ein Übergang von gieriger Lust zu Freude. «Tränen der Freude» – Nach Jahren monströser, «tierhafter» Existenz kommen jetzt auch Fragen wie: Können Tiere weinen? Können sie (selbstlos) fragen? Wirklich fragend, offen für neue Wahrnehmungen, Empfindungen, Einsichten und Handlungsmöglichkiten, trete auch ich als Menschenwesen selten an Sachen, Menschen und Vorgänge heran. Ich «weiß», wie dies und jenes schmeckt, schon bevor ich es gegessen habe, oder wie ich sein sollte oder reagieren werde, ohne die Situation als neu, erst- und einmalig zu erfassen. Solche erinnerte Empfindungen haben kaum wirklich etwas mit der aktuellen Situation gemeinsam; sie werden dieser aber übergestülpt, worauf ich dann nur das Altbekannte, bereits Qualifizierte, respektive Quantifizierte wahrnehmen werde. Solches *kann* nicht befriedigen und muß deshalb immer fruchtlos wiederholt werden aus dem Verlangen nach «echten» Erlebnissen. Wirkliches Interesse, das in die Tiefe und zum Wesentlichen vorstoßen möchte, wird durch Abstumpfung und Neugier, eben durch die bloße Gier nach Neuem verunmöglicht. Neu und lebendig sind Wahrnehmungen und Erkenntnisse aber nur im Moment ihres Entstehens, d.h. in der staunenden Aufmerksamkeit, in die hinein sie sich offenbaren und die immer erst- und einmalig, Gegenwart ist. Und dies, Staunen statt Ignoranz oder Neu-Gier, verbirgt und entläßt etwas tief Heilsames. In der Art, wie wir uns und die Welt wahrnehmen und erkennen, bestimmen wir unsere Lebensweise.

Unmittelbar nach dem Erbrechen fühlte ich mich wie erneuert. Erneuert, indem die schwer im Bauch liegenden physischen Substanzen seelisch-geistigen Vorgängen Platz machten; «wie» erneuert, weil dies nicht von Dauer sein kann, denn es wird dabei keinerlei Erneuerungskraft betätigt oder ausgebildet, sondern lediglich ein schnell vergänglicher Effekt ausgelöst. Eine Variante also moderner Flucht in drogenerzeugte Bewußtseinszustände. Eigene Erfahrungen, sollen sie nicht nur als nebeneinander stehende Eindrücke flüchtige Genüsse zusammenraffen (sondern zu Erkenntnisfreude und sinnvollem Handeln führen), basieren auf einem Verwandlungsprozeß, bei dem das Fremde zum Eigenen wird, und zwar durch mein Mitdabeisein, durch (Geistes-)Gegenwart.

Mitentscheidend bei meinem Heilungsprozeß war und ist, daß das Seelisch-Eigendynamische von seinem Gewohnheitscharakter befreit wird. Mittels geistiger Kräfte können unfreie Abläufe aus der Sphäre des Unbewußt-Unhandhabbaren herausgehoben werden. Mit diesem Sphärenwechsel von Unbewußtheit zu Bewußtwerdung erschließt sich die Lichtquelle für die Krankheits-/Gesundheitsfrage.

Durch die Flucht vor nicht verarbeitbar scheinenden Seelenregungen und durch deren jahrelange Stauung während der Krankheit, war im Moment des Zulassens von Gefühlen und Gedanken deren Flut jedesmal ungeheuerlich und ihr Inhalt hauptsächlich negativer, belastender Art. Eine Situation also, wo es fast übermenschliche Willenskräfte bräuchte, nicht rückfällig zu werden; ich hatte das nie geschafft.

Anders aber wird die Situation, wenn die Willenskräfte, die zwischen einem hoffnungslosen Vielfrontenkrieg und resigniertem Rückzug hin- und hergezerrt werden, eine lenkende Richtkraft finden. Als solche zeigt sich eine Kraft, die auf dem Kampfplatz *zwischen* Angriff und Resignation liegt. Es ist wiederum die Aufmerksamkeit, die tragenden und führenden Beistand leisten kann: Da sie den Verlust des unterlassenen (zwanghaft-gierigen) Lustgewinns mit etwas Nachhaltigerem, der Freude, zu ersetzen vermag, werden die alten Genüsse zusehends fader, unbefriedigender, ja sogar störend. Die einzige Crux dabei: Aufmerksamkeit beruht wiederum auf Kraft, der ganzen Kraft absichtsloser Hingabe; und eben solches Nichttun, das Spielendleichte, ist zunächst so schwer.

Wenn aber mit der Entdeckung und Übung der Aufmerksamkeit die Führungsmöglichkeit von psychischen Abläufen an sich gefunden ist, kann die Assoziationsflut vor ihrem Eintreten verhindert oder – wenn sie sich doch immer wieder einmal durchsetzt – bearbeitet werden. Das Gleiche gilt für das daran sich heftende Fluten der Emotionen und Stimmungen sowie für das Überschießen beider in Handlungen.

Wie kann jedoch zu jenem erforderlichen Spielend-Leichten, dem Nichttun, ein Zugang gefunden werden, wenn Sucht uns zum zerstreuten Handeln zwingt, wenn alles vibriert in Unrast? Die Frage nach einem Ausweg stellte sich bereits im Kapitel «Suchen» (S. 33). Eine Antwort schimmerte durch bei der Ahnung von einer möglicherweise besonderen Bedeutung der eigenen Bewegungen, wenn ich (auf) sie achte.

Wie mir Hilfe mittels eines Bewegungsunterrichtes zuteil wurde, ist im Kapitel «Abwärts. Aufwärts?» angedeutet. Etwas von dem, was ich dabei erlebte und lernte und heute in meiner Arbeit als ein Ringen und Siegen von andern miterleben darf, möchte ich im folgenden Kapitel beschreiben. Obwohl in der Bothmer-Gymnastik durchaus auch körperlich gerungen wird, in spielerisch-kämpferischer Weise, ist hier das Bewußtwerden von innerem Ringen gemeint, und mit Siegen immer auch ein Siegen über Feindliches in uns selbst.

# Bewegungen und eigene Sprache

Alle Aktivität – denken, fühlen, handeln – muß für unsere bewußte Wahrnehmung irgendwo ihren Anfang nehmen. Wenn ich diesen Anfang erwischen würde, dann müßten doch Abläufe steuerbar werden, bevor sie in verquerer Weise zur äußeren Handlung werden. Anfangen ist nur in der Gegenwart möglich – durch eine innere Bewegung. Also begann ich die Aufmerksamkeit auf allererste Bewegungsimpulse zu lenken. Dabei fand ich, daß der Griff zur Schokolade etc. eine späte Bewegung ist im Prozeß des Schokolade-haben-wollens. Eine Anzahl Vorgänge oder innerer Bewegungen gingen in diesem Zusammenhang voraus, bis zur ersten Bewegung, die ein Denkvorgang oder (Selbst-)Gespräch ist. Z.B. sollte ich etwas machen und weiß nicht wie; oder zur Kenntnis nehmen, und es paßt mir nicht, ich wehre ab, flüchte und suche Ersatz; oder auch einfach die Feststellung: Da riecht es nach Schokolade.

Eine Wahrnehmung wird bewußt durch einen sie betreffenden Gedanken, und dieser tritt als Wort an den Anfang meines Bewußtseins. Mit dem Gedanken assoziiere ich eine (erinnerte) Empfindung, eine Begierde. Sie schießt in die Willenssphäre der Glieder, und erst jetzt wird der «Griff» getan. Da ich diese ersten Gedanken jedoch oft verschlafe oder sie noch nicht als unheilvoll erkenne oder auch mit ihnen schlicht nicht umzugehen verstehe, weil die vermittelnde Instanz wahrhaftigen Fühlens ebenfalls versagt, achte ich also auf die Körperbewegungen, die den nicht erfaßten geistigen und seelischen Bewegungen folgen.

Bewegungen lügen nicht und geben Auskunft über die dahinter liegenden Motive (oder Begierden) und auch die Möglichkeit, ihnen sofort eine andere Richtung zu geben, neu anzufangen. Suchtbewegungen eine andere Richtung geben heißt zunächst einmal, sie zurückzuschicken, sie seinlassen. Nur wahrnehmend, ohne den Gefühlsansturm zu beachten oder jenen Verstand, der alles besser weiß und rechten will (doch, doch, iß nur, du kannst schon rechtzeitig stoppen, bzw. du schaffst es sowieso nicht, also mach gleich weiter ...). Es stellen sich Wahrhaftigkeitserlebnisse ein, welche helfen, dem Sog des Wiederholungszwangs entgegenzutreten.

Bewegungen im Dienst der Sucht sind bei mir z.B. fast immer ein klein wenig zu schnell, der Kopf geht ein bißchen zu weit nach vorn, die Füße können nicht mehr ruhig auf dem Boden aufliegen, die Bauchmuskeln spannen sich leicht, ebenso die Stirn und hundert andere Müskelchen, die sich nicht zusammenziehen oder strecken würden, wenn sie nicht «etwas vorhätten». Also dutzende von hilfreichen Signalen zu bemerken, und das Wunderbare: Ihr Alarmgrund verschwindet simultan mit dem «Abstellen der Signale», dem Loslassen und Zurücknehmen der Bewegungen. Sofortige Befreiung stellt sich ein. Ruhe. Dann gilt es, eine andere, suchtfreie Bewegung zu suchen, die ich unfehlbar als solche erkennen kann, indem sie freudvoll *ist*, statt nach Genuß *strebt*. Dies ist zunächst ungewohnt, gerade dadurch aber überwältigend: Kein Kampf zwischen «ich will, aber darf nicht», oder «ich will nicht, aber muß» etc., nur ein ganz leises Umlenken einer eindeutigen Bewegung, fast als Zuschauer oder Marionettenspieler. Ich habe die Fäden über mein Tun und Lassen in diesem Moment in der Hand, kann mit ihnen spielen – ich brauche nicht länger Spielball zu sein.

So können Bewegungen zu kostbaren Freunden und Beratern werden, jederzeit bei mir, in mir. Ich bin es selber, der sie hervorbringt oder unterläßt – selber unbewegt.

In Selbstagitation und Selbstempfinden werde ich in der Bewegungsflut (Willensimpulse, Gefühle, Gedanken) mit- und untergespült. In dem Maße, wie ich selber ruhig bleibe, bin ich Instrument für unabhängiges Wahrnehmen, Erkennen und Gestalten. Dann kann ein Selbstbewußtsein durchscheinen, das nicht mehr auf der Verbindung mit Äußerlichkeiten gründet, sondern auf der Identität, die sich an dieser inneren Aktivität spiegelt. Erst so kann das «Instrument» seine eigene Tönung finden und vermag auch etwas von dem Klang «draußen» aufzunehmen und freizusetzen. Es ist ergreifend, wenn erstmals wieder Klänge im und um den bisher stumm-schrillen Bunker ertönen und die Fesseln der Selbstgefangenheit sich zu lösen beginnen.

Auch Bewegungen können, auf einer feinen seelischen Ebene, musikalisch wahrgenommen werden; was ich gedanklich oder gefühlsmäßig nicht unmittelbar «checke», über körperliche Bewegungen kann es gelingen: (In)Evidenzgefühl von (Dis)Harmonie, (nicht)freudvoll, (nicht)schön, (nicht)wahr. Dabei weiß ich oft nicht gleich, *was* nicht stimmt, nur *daß* etwas irgendwie nicht richtig ist. Genau wie beim Stimmen eines Instrumentes, wo ich manchmal nicht sicher bin, ob ein Ton im Verhältnis zu einem anderen etwas zu hoch oder zu tief ist, aber ganz sonderbar berührt werde, wenn es stimmt. Wie weit das gehen kann, illustriert jenes Erlebnis, mit dem der Heilungsprozeß äußerlich sichtbar wurde:

Als ich die Verläßlichkeit der Bewegungssprache zu entdecken begann, wollte ich – immer noch mehrmals täglich fressend/brechend – schauen, wie weit ich käme, wenn ich mich ganz auf diese Sprache einließe. Also begann ich zu essen, genau das, worauf ich Lust hatte: 2 Mohrenköpfe. Aber da war weiteres Verlangen nach Mohrenköpfen. Hab «ich» oder hat «es» Lust danach, das war die Frage. Ich griff zum 3. und achtete genau auf meine Bewegungen. Kein Mißton feststellbar. Nach dem 3. den 4. Mohrenkopf. Alles blieb stimmig. Kein Alarmzeichen, aber auch keine Sättigung. Den 5., dann den 6. Upp – jetzt reicht's! 2 waren noch da, aber die ruhigen Bewegungen wollten gespannter werden. Also ließ ich die beiden. Neue Bewegung suchen. Eier. Jetzt noch Eier? Ruhig, aber bestimmt, wollte ich jetzt gekochte Eier. Ruhig und mit Appetit aß ich jetzt auch 5 Eier. Während nun der Verstand zu brüllen begann, ich hätte bereits viel zu viel und ungesund gegessen und sollte es ausspeien, die Gier hingegen nach weiteressen schrie, konzentrierte ich mich einzig auf das Harmonischbleiben der Bewegungen und – blieb in der Ruhe. Wie an einer Seilschaft über den Abgrund hinweg, führte mich das Festhalten an den ruhigen Bewegungen durch 3 volle Tage und Nächte ohne unvernünftiges Essen und Brechen – das erste Mal nach 12 Jahren täglich «mehrmals». Von da an ging es aufwärts.

Das (Identitäts-)Erlebnis «Ich bin Zeuge(nder) meiner Bewegungen» wird zum Erlebnis des Unabhängigerwerdens von meiner Körperlichkeit. Eine gefundene Bewegungsharmonie zeigt sich als Ausdruck des Seelengleichgewichtes. Gleich-Gewicht: Welch Schlüsselwort! Eine Gewichtsharmonie nicht in erster Linie ausgehend vom Körper, vom Gewicht auf der Waage!

Indem ich mich mittels körperlicher Bewegungen als geistige Tatsache erleben kann – ein Gleichgewicht und damit eine Verbindung mit der inneren Mitte öfter sich herbeiführen läßt, gewinne ich mehr und mehr Halt in mir selber. Das hat seine Wirkung auf Haltlosigkeiten im Alltag. Wie oft hatte ich doch schon Fortschritte gemacht in meiner Disziplinierung des Essens und Brechens, und dann kam das Schreckgespenst Depression oder sonst ein Ungeist, dem meine Fortschritte nicht gefielen. Der einzige Trost, der letzte Haltegriff bestand dann eben doch wieder im «liebgewordenen» Rezeptivverhalten. Mit der Entdeckung aber der Allgegenwart des «wahren Geistes» oder auch: des Geistes der Wahrheit, wahr-nehmbar durch die Aufmerksamkeit für die Quelle geistiger Manifestationen, für die Bewegungen, brauche ich mich nicht allein, haltlos zu fühlen. Durch Halt in mir selber werden auch die verschiedenen Zwangsgeister geschwächt; die pedantischen, übersteigerten Kontroll- und Erfolgsansprüche bewegen sich in Richtung eines adäquat-lebendigen Maßes.

Wahrlich, die Pädagogik der wach erlebten Bewegungen macht Spaß: keine Bemühung ohne Belohnung; sinnvollem Verzicht folgt neuer Reichtum, und unterlassenem sinnlosen Genuß Freude.

Umso erstaunlicher und perfider war es, aber auch herausfordernd und ständig weckend, mit welcher Hartnäckigkeit die «alte Eva» – ich, als die Fressen- und Kotzenwollende, die Süchtige – sich noch lange doch immer wieder melden und durchsetzen wollte.

Es ist mehr als ein Wortspiel, bedeutet den Ernst eines richtigen Spiels, wenn sich nun der innere Halt an der Körperhaltung und die dort erstarkende Aufgerichtetheit sich umgekehrt an der seelischen Aufrichtigkeit zu schaffen machen. Aufrichtigkeit. Beinahe mit Scheu schreibe ich das Wort – nach so viel Krummheit.

Langsam gelang es doch, dadurch mich selber wieder ernst nehmen zu können. Halt in sich selber haben, sich selber ernst nehmen, das hat seine Wirkung auf die zuweilen lähmende Daseinsunsicherheit. Bisher hatte ich meinem Sicherheitsbedürfnis geantwortet mit äußerlichen, vergänglichen Maßnahmen, wodurch es natürlich nur immer größer werden konnte. Wie sollte ich auf die Idee kommen, hätten es mich Bewegungen nicht gelehrt, daß Sicherheit durch Freiheit erreicht werden kann! Durch die *Möglichkeit* der freien Handhabung von Bewegungen erkenne ich mich als Teilmacht einer Allmacht: Ich bin. Und durch diese Handhabung selber wird die tatsächlich eigene Wirksamkeit erlebbar.

Je mehr es gelingt, Fühlen, Denken und Wollen aus der Fesselung an die Körperlichkeit zu befreien, desto größer wird die Fähigkeit, sowohl leiblich mitzuschwingen wie auch von außen das Geschehen zu beobachten und zu lenken. Das verleiht eine neue Wahrnehmungs- und Urteilskompetenz durch die Souveränität und Objektivität der Sichtweise (Fähigkeiten, deren Mangel im Krankheitsverlauf schwerwiegend ist). Denn der Körper folgt objektiven Gesetzen, den Gesetzen von Raum und Zeit, wie z.B. der Schwerkraft oder der Verknüpfung von Ursache und Wirkung; und was ich da vorfinde, findet sich – bisher als Zwang, jetzt als Gestaltungsmöglichkeit – im Seelischen wieder. So z.B. kann mit der Schwerkraft und ihrer Gegenkraft, der Aufrichtekraft, die zum Licht hin orientiert, experimentiert werden, was das bedeutet: fallen, sich fallenlassen, loslassen und aufstehen, ausgeglichen zwischen und in den beiden Kräften frei stehen und sehen können. Eine besondere Funktion kommt auch den Raumesrichtungen zu: Sie sind geistige Ideale, physische Realitäten und seelische Erlebnisse. (Dis-)Balance manifestiert sich in ihrem Zusammenwirken. Indem darauf geachtet wird, wie Bewegungen sich räumlich verhalten, kann durch eine leiblich-räumliche Korrektur rückwirkend die seelische (Un-)Ordnung beeinflußt werden. Die Raumesrichtungen (vorne-hinten, links-rechts, oben-unten) können somit als seelische Richtkräfte wirken. Es wird z.B. erlebbar, wie ein körperliches Sich-Zurücknehmen einen Freßvorfall oder eine manische Triebkraft zu bremsen vermag, oder wie ein Warmwerden mit dem eigenen «hinten» Vergangenheitsvertrauen und dadurch Gegenwartsmut vermitteln kann; Rücksicht und Vorsicht werden Leibeserfahrungen und diese zu Seelenkräften. Ein Reichtum an solchen Transfermöglichkeiten kann eingesetzt werden. Insofern Bewegungen auch ein Inneres mit einem Äußeren, Zentrum mit Peripherie, Mitte mit Umkreis verbinden, vermögen sie das Zurechtfinden im sozialen Leben zu erleichtern: Sich freier bewegen zwischen Innenwelt und Außenwelt, Individuum und Gruppe, aus sich herausgehen und andere an sich heranlassen, ohne sich zu verlieren etc., kann dank der sicheren Bewegungserfahrungen zusehends probiert und riskiert werden. Und es braucht kein Risiko zu sein, denn es gibt nur wenig zu verlieren. Nicht im Sinne von einst: Es ist ja doch alles verloren, sondern jetzt aus der Erfahrung heraus, daß nur Vergängliches, nicht die Kraft dahinter, die uns alle verbindet, zu verlieren ist.

Diese Erfahrung verbreitet ihrerseits wieder Ruhe, diesen kostbaren Nährboden für seelisches Keimen. Im ruhigen mich Bewegen fühle ich mich wie in einem warmen Bad: nicht zu kalt, nicht zu heiß, auch nicht lau, gerade recht – und bin froh, daß daraus die Kraft kommt, langsam auch im Sozialen wieder Hitze und Kälte und Sturm miterleben und mitgestalten zu können. Die zwischen Innen- und Außenwelt und in der Zeit verlaufenden, gleichsam atmenden Bewegungen vermögen auch die verlorene rhythmisierende Kraft neu hervorzubringen.

Indem ich die Welt nicht mehr verstand und mich von ihr nicht verstanden fühlte, verlor ich den Dialog mit der Umwelt und wäre dadurch beinahe von ihr ausgeschieden worden. Die Gefangenheit im Selbstgespräch war trennend und zerstörend, der Monolog trügerisch. Bewegungen sind wie ein Bindeglied von «mir» und «Umwelt» und können den Brückenschlag erleichtern. In Selbstgefangenheit konnte ich auch mich selber nicht mehr hören und verstehen und daher nicht mehr von mir wissen, an mich glauben. Als ich die Verbindlichkeit der Bewegungssprache erleben lernen konnte, gewann ich langsam das Vertrauen ins Gespräch zurück.

Haben wir nicht auch dazu Körper, um das – verlorene – Wort, das «am Anfang war», das Verstehen von dessen Woher und Wohin gleichsam mit den Gliedmaßen nachzutasten; um aus der nur noch fühlbaren Bewegungssprache heraus die Wörter, die Sprache zu beseelen: so ist es schön, so ist es wahr ...? Und im Benennen der Quellen, die solch reines Erleben ausströmen, verhindern oder verzerren, selber das Wort, Erkenntnis zu be-greifen, zu finden, um bewußt, selbstbewußt und selber schöpferisch zu werden; lebendige Begriffe hervorzubringen in einer Welt, wo Wörter entweder Hülsencharakter oder die schaurige Kraft fremdgesteuerter Phantome angenommen haben und in beiden Fällen Unheil zeugen.

Leid und Freud dürfen so nicht Selbstzweck sein oder bleiben; vielmehr müßten sie zu Landkarte und Kompaß werden für einen Erkenntnisweg, der unsere smog- und anderswie verschleierte und entstellte Erde mit Lebenssinn und -Geist behandeln könnte.

# VII

# Verwandlung

## Metamorphose der (Un-)Fähigkeiten

Es kann eine grenzenlose Erleichterung bedeuten zu ahnen oder zu wissen, daß all die Jahre voll Kampf und Leid nicht vergebens, nicht nur eine Niederlage, nur Verlust und Versäumnis zu sein brauchen. Die ungezählten, vielfältigen Erfahrungen, die im Krankheitsalltag gemacht werden konnten, bedurften eines Körpers, eines Ego auch, das sich mit ihm identifizierte, soweit, bis es kaum mehr erreichbar für äußere Beeinflussung war. Dann der point of no-return oder aber return-now, Aufmerksamkeits-, Wendepunkt: «Was du suchst ist nicht (mehr) draußen, es ist in dir.» Es ist da, das andere, das freie, heile Ich. Es kann wirksam werden, wenn der zwanghafte und verführte Eigenwille seinem Licht zu weichen bereit ist. Ein freier Entscheid für – einen Sterbeprozeß, der leidvoll ist und schmerzhaft.

In welch erlösender Weise vorgelebt durch jenen Tod am Kreuz: «Nicht ich als Körper – Ich als Weg und Wahrheit (wirkender Geist) werde leben.» Tatsächlich kann die Versenkung in Kreuzigungsbilder Verwandlungskraft freigeben.

Mut, Übermut und Demut ringen an diesem Punkt miteinander.

Demut: Wie klein und schwach bin ich doch!
Übermut: Die Krankheit ist überwunden; ich bin stark!
Mut: Es gibt ein Ich, das nicht zu ver-urteilen braucht. Es will das Wahre, es kann das Schöne fühlen und das Gute erkennen – Sein Wille geschehe.

Die Krankheit hätte ausgedient, wenn Unfähigkeiten, die im Kampf entdeckt oder gar erworben, aber auch schon teilweise umgewandelt wurden in Fähigkeiten – wenn sie genutzt werden können, indem ihr Sinn oder Unsinn erkannt und zur Erfahrung wird, die bewußter verwendet werden kann, freier, heilend statt zerstörend.

Aus dem angesammelten Erfahrungsschatz ein paar Beispiele:

— Allem voran ist vielleicht die Willenskraft zu nennen. Sie ist jahrelang trainiert durch all die Versuche «aufzuhören», durch tausende von Niederlagen und neuen Anläufen. Unabsehbar die Möglichkeiten, die sich ergeben, wenn dieses bisher gebundene Willenspotential frei wird für neue Aufgaben.

— Das reicher und echter Werden der Welt, durch offenes Interesse für sie, wurde schon erwähnt. Einhergehend die errungene Disposition zu Selbstdistanzierung und damit zu einer höheren Bewußtseinsentwicklung. Auch hier wurde, auf niedriger Stufe, hart geübt: Wie muß ich alles arrangieren, damit ich mit diesem Riesenextraprogramm (zeitlich, finanziell, kräftemäßig, sozial) funktionieren kann? Ein unglaubliches Management wurde da geleistet. Abstraktionsvermögen und genaueste Planung waren erforderlich, Cleverness und Schlagfertigkeit unentbehrlich; ebenso Ausdauer und Streßbewältigung, eine sehr beschränkte Art von Sensitivität, Gewissenhaftigkeit, Selbstbeherrschung und Improvisationsfähigkeit. Und im größten Chaos galt es, den Überblick nicht zu verlieren. Was kann werden, wenn sich auch diese Fähigkeiten modifizieren und sich in einen anderen Dienst stellen?

— Dann die Erfahrung des Fragenkönnens und -dürfens. Nicht- oder nur rhetorisch fragen veranlaßt, Situationen zu interpretieren und in der Folge falsche, weil einseitige Schlüsse zu ziehen. Richtiges Fragen zur richtigen Zeit kann bei den beschriebenen (Un-)Abhängigkeitsdilemmata weiterhelfen und ist vielleicht *die* soziale Grundfähigkeit schlechthin.

— «Meisterleistungen» wurden auch vollbracht im Entwerfen neuer (vergeblicher) Strategien. Strategische Fähigkeiten können zum Zuge kommen, wenn wir lernen müssen, im Tun das Reale zu verwirklichen, anstatt nur über Ideales zu träumen. Das bewußtere Umgehen mit Fragen allerdings lehrt bald, daß es nicht nur *eine* Antwort zu geben braucht, schon gar nicht bei jenen Fragen, die den Rahmen des Materiellen, des berechenbar «Realen», sprengen. Vorschnell gegebene Antworten und daraus abgeleitete Strategien müssen in die Irre führen. Strategien, Stratege – Worte und Motive des Kampfes, des Krieges. Ist mit den tieferen, den tiefsten Lebensfragen nicht eher in fruchtbarer als in kriegerischer Weise umzugehen? Was kann werden, wenn wir, statt meist doch vorschnelle, am Ende eitle, «überholte» Strategien zu entwickeln, leben lernen mit den Fragen, bis das Leben selbst die Antworten geben kann? Und es wird sie geben, insbesondere wenn wir (gegenwärtig) hören können.

— Hervorgehend aus Abertausenden falscher Nein- und vor allem Jasagereien: Für den Umgang mit Verantwortung kann der «Weg der Mitte» – aus Rücksicht und Vorsicht klarsichtig im Augenblick – zum Tragen kommen. Ein Nein im rechten Moment ist mehr wert als ein Ja, mit dem wir uns überfordern und unverantwortlich werden, und ein Ja, das wir erfüllen können, mehr als ein Nein, das uns und andere leer läßt.

— Und die wichtigste Erfahrung: Wir sind körperlich-unkörperliche, vergänglich-unvergängliche Wesen. In diesem Spielraum: leiblich determiniert – geistig unlimitiert, sind wir freiheits- und schöpfungsbegabt. Diese Erfahrung könnte zur Fähigkeit werden, zwischen Freiheit und Verantwortung als unabhängig-abhängiger Mensch das Leben zu gestalten und dadurch (und nur so) auch den Mitmenschen ihre Freiheit und Verantwortung zu belassen und zu ermöglichen. Das hieße auch: in (unbedingter) Liebe leben; sich in der gemeinsamen Evolution von Mensch und Natur verstanden wissen.

## Mitwelt

Der letztgenannte Punkt, der wundeste Punkt für die Erkrankung, trägt andrerseits auch wesentlichste Heilungskräfte. Und zwar in mir selber wie auch in meiner Umgebung. Mitmenschen, die diesen Weg für sich selber – und dadurch für mich – gingen und gehen, verdanke ich sehr viel. Ihr WAS (Rezepte, Ratschläge, Erwartungen, Ansprüche) war für mich oft unbrauchbar; das WIE und der WEG von einzelnen waren jedoch ebenso entscheidend für meine Entwicklung.

Wie auf S. 51f. bereits erwähnt, brachten mir übliche medizinisch-therapeutische Maßnahmen kaum etwas, durften vielleicht nichts bringen. Denn für eine Heilung gilt es wenig zu «bringen», wenn es in einer Krankheit gerade darum geht, daß ich selber «hervorbringe», nicht nur von außen nehmend, zufügend, sondern auch von innen heraus freisetzend und umwandelnd. «Gesundmachen» war eine Methode in der Zeit des Machertums, des Materialismus, Rationalismus. Nun kommen wir aber immer mehr dazu, diese Zustände zu transzendieren, nicht mehr «Standpunkte» zu haben, sondern «Verhältnisse» (denn nur solche gibt es im Bereich des Lebendigen), also Sinn für das Leben zu entwickeln und nicht vorwiegend für Pathologie; für Bewegungen in Richtung Heilung, nicht nur für Reparaturen. Wir werden den Ausdruck «gesundmachen» wohl verlassen und ein neues Verständnis finden, vielleicht in Richtung «gesundreifen». Dies weist auf eine Beziehung hin von Arzt und Patient, die viel stärker zu einer Art biographischer Verbindung wird von Menschen, die durch ihr Schicksal am Schicksal des anderen teilnehmen, einen gemeinsamen Weg gehen wollen. Die schematisch-kollektiven Methoden werden vermutlich immer mehr versagen, weil Heilungskräfte auch Bewußtseinskräfte implizieren, die nicht «verschrieben» oder «gepredigt», sondern nur – gelebt werden können.

Ich habe meine Geschichte nicht aufgeschrieben, weil sie eine besondere wäre (dies würde geradezu den ganzen hier beschriebenen Weg widerlegen), sondern als Versuch zu zeigen, daß das sog. Besondere heute und hier nur in einer Übersteigerung des Allgemeinen liegt. Dieses hieße: Die neuen «Massenkrankheiten» an der Schwelle des Bewußtseinszeitalters werden kollektiv und von außen her immer weniger zu heilen sein. Die Möglichkeit ihrer Überwindung kann sich aber aus den inneren Persönlichkeitskräften ergeben. Diese werden auch zur Gesundung der kranken Mit- und Umwelt beitragen. Gesundheitskassen haben dies erkannt, indem sie Patienten und Therapeuten auch in solchen Bemühungen unterstützen.

Es schmerzt mich jedesmal, wenn von Bulimarexie, Anorexie, Aids usw. als von den neuen «Seuchen» gesprochen und dementsprechend mit einer Politik der Angst operiert wird; gewisse – wahrhaft schreckliche – Symptome verdecken dabei die Sicht auf das (gleichwohl gesunde) Wesen dahinter. Könnten diese sog. modernen Krankheiten nicht auch zu einer Art «Gegens(e)uchen» verwandelt werden; tragen sie nicht in sich auch das Suchen und Ringen um eine bessere Welt, um Wahrheit, Liebe letztlich, was immer irgendwie auch heißt, Getrenntes zusammenfügen, also nicht zerstören, sondern heilen wollen? Es mehren sich Berichte von (schul-)medizinischen Todeskandidaten über ihre (Selbst-)Heilung durch die Kraft ihrer Bewußtseins- und Liebefähigkeiten, und wie sie oft auf ihrem Genesungsweg in heilsamer Weise ökologisch, therapeutisch und sozial tätig werden. Eine überragende Bedeutung kommt demnach – auch für eine wirksame Prophylaxe – allen pädagogischen Einrichtungen, dem gesamten Unterrichtswesen zu: Eine ganzheitliche, d.h. lebens- und nicht nur kurzfristig wirtschaftsrelevante Schulung wird andere Lehrer- und gesündere Schülerpersönlichkeiten heranbilden.

Menschen, die innere Persönlichkeitskräfte bei sich selbst fördern, konnten und können (mir) besonders helfen:

— Schöpferische Begegnungsverhältnisse erleichtern es, nicht die Krankheit – und Vergangenheit – zum Problem zu machen, sondern die auslösenden Gründe hier und jetzt und selbstverantwortlich. Das kann zunächst Konflikt bedeuten, wenn das bisher verborgen gestörte Verhalten zugelassen und zugegeben wird. Wenn ich in solchem sonst sozial geächteten Benehmen durch einen Mitmenschen nicht bestraft, sondern zugelassen werde, auch indem er selber nicht verbirgt und flüchtet, lerne ich wieder teilen und dadurch auch verzichten. Wiederum stellt sich das Vertrauen ins Gespräch als *die* Möglichkeit einer adäquaten Konfliktbewältigung dar und schützt somit vor Flucht und ihren Folgen. Dadurch kann gesagt werden, was jeder braucht – auch Hilfe. Das eigene Bekenntnis zu den Schwächen und auch Stärken erzeugt Respekt und baut an einer neuen Daseinsnähe, Intimität. Ersatzbefriedigungen werden dann überflüssig.

— Geborgenheit und Interesse werden langsam weniger abhängig von Sympathie und Antipathie; vielmehr werden sie möglich, indem die «nackte Wahrheit» sich zeigen darf. Diese kann erstmal mächtig erschrecken, dann aber vor allem entkrampfen, und die Schönheit der Aufrichtigkeit läßt auf dem Reifungs- und Heilungsweg Fragen von Angst, Macht, Kontrolle, Aggression usw. bearbeiten. Therapeut und Patient, Lehrer und Schüler, Eltern und ihr (erwachsenes) Kind, Frau und Mann begegnen sich seelisch-geistig, indem wir uns gegenseitig als Persönlichkeiten (personare: durchtönen, vgl. «individuelle Tönung») erkennen und anerkennen. Hieraus haben mir Menschen das Entscheidenste geschenkt: einen unerschütterlichen Glauben an die gesunden Kräfte (auch in mir). Unerschütterlich, d.h. wiederum: «bedingungslos» ...

— Nicht Theorien oder (Ideal-)Programme, sondern ein Klima, wo Rückfällen und Scheitern begegnet wird mit Stabilität, Uneigennützigkeit, praktischem Sinn und warmem Mut helfen (mir), die richtige Einschätzung, Maßnahme und Distanz zu entwickeln, Distanz ohne Liebesverlust. Dann nur ein Schrittchen noch und – Humor wird möglich und damit Phantasie und Gestaltungskraft, Reifung.

— Wenn wir so als Menschen, Mitmenschen, Partner unseren tieferen Lebenssinn aufspüren, der sich nicht auf Sinnlich-Körperliches beschränkt (und wir Frauen dürfen nicht müde werden, dies vor- und mitzuleben), zeigen sich Fragen nach (Körper-)Formen und -Massen in einem anderen Licht. Der unbedingte Liebesversuch schließt die Bejahung des eigenen Körpers mitein; dieser braucht nicht mehr bei irgendwem be-liebt zu sein, denn ich bin (mit ihm) ge-liebt. (Vgl. Kapitel «Zur individuellen Situation», S. 40).

— Jetzt kann auch die sexuelle Begegnung eine freie werden und etwas von jener ursprünglichen (und evolutiv zukünftigen?) Vollkommenheit übergeschlechtlicher Menschlichkeit aufleuchten lassen.

— Indem wir «zum Kinde reifen»*, das Kindische überwin-

* Ashley Montague, Klett 1991

dend zum Kinde in uns, indem wir zu jenem überpersönlich Menschlichen finden, ist da auch neue Hoffnung für die Kinder um uns: sie nicht mehr nach «unserem Blute» erziehen, ins Erwachsenenkorsett stecken, sie als Stellvertreter-Selbst haßlieben zu müssen.

## Trauern, Trösten, Danken

Mit dem Erkennen des Verwandlungspotentials von Krankheitserfahrungen und Leidensfähigkeiten habe ich, nach Phasen von Verdrängung, Wut, Depression und Versuchen der Annahme, das letzte Stadium einer immensen Trauerarbeit erreicht: Bejahung und neue Hoffnung. Das Wiederaufflammen früherer Phasen – besonders der schlichten Trauer – verliert an Kraft angesichts einer Perspektive des Werdendürfens. Zum bisherigen Tun (und Unterlassen) muß ich stehen; einen Weg von endlich wirklicher Verwandlung möchte ich gehen. Das Bisherige durch Erkenntnis zu werten, ist das Eine. Dann aber wird interessanter und wesentlicher, was aus den Erfahrungen und (Un-)Fähigkeiten wird.

Bilder vom Phönix aus der Asche, vom entlarvten Schmetterling, Osterbilder können dabei helfen. Auch (meditative) Arbeit an anderen (eigenen) Werdebildern. Und Trost. Trost in der Gegenwart, Trost für das nächste Schrittchen, Trost, der von mir selber kommt aus dem Loslassen (von Trennendem) und Neu-Verbinden (mit Über-Individuellem), und vor allem Trost aus dem neuen, nun wahren und warmen Reichtum der Welt.

Die indische Spiritualität nennt es LILA, das Große Spiel; und die Menschen lächeln.

Wir brauchen das Wort DANKE; und lächeln vielleicht auch?

Gemeinsame Sprache könnte sein, wo sich wirkliches Spiel (statt Gleichgültigkeit oder Kampf) und wirkliche Dankbarkeit (nicht Erdenflucht und Lippenbekenntnis) ausdrücken in unserem wirksamen, lächelnden – heilsamen Tun.

## (Übungs-)Weg und Ziel

Es ist vielleicht nötig nochmals zu betonen, daß alle diese beschriebenen Phasen, Schritte, Stationen immer wieder jäh unterbrochen, zerfetzt wurden von Eß- und Brechattacken; oft, wenn am wenigsten erwartet (fehlende Aufmerksamkeit, Geistesgegenwart!). Doch auch dies ist unwesentlich, denn die Heilung liegt in keinerlei (theoretischem) Ziel (einem neuen Standpunkt). Sie ist ein Weg, der Weg selbst, anfangen und werden können, leben in der Gegenwart, aufmerksam, tatkräftig, nicht wertend, sondern verstehend, bedingungslos seiend, vergebend.

Das ist nie erreicht im Sinne eines Ziels. Es kann nur immer von Neuem sein (werden), indem es Weg bleibt – Gegenwart, hier und jetzt und jenseits davon.

Ich bin heute nicht gesund in dem Sinn, daß ich von allem übermäßigen Eß- oder Brech*bedürfnis* befreit wäre. Ich könnte wieder «abstürzen», ich *könnte,* und ich kann auch nicht. Die Krankheit hat ihren Zwangscharakter verloren; was bleibt ist Anfälligkeit. Als ich an diesem Bericht zu schreiben begann, wußte ich um die Möglichkeit eines Scheiterns. Ich begann Schritt um Schritt, ungewiß, ob der nächste Schritt auch gelingen würde. Meine eingangs noch vertretene Entweder-Oder-Haltung: «Ich werde nur schreiben, wenn ich dabei nicht rückfällig werde», war gut als Erinnerung an die Folgen von Rückschlägen und als ideales Orientierungsziel. Sie wurde jedoch unwichtig, widersinnig und überflüssig als Weg. Gegenüber dem (scheinbar) Wichtigen begann sich das Wesentliche durchzusetzen: Eine Krankheit ist wichtig; ich will mit ihr zu Gesundheit als dem Wesentlichen reifen.

Wir sind, die wir im Werden sind; nicht, wie uns irgend jemand «haben» möchte; wir sind nicht zu haben, auch für uns selber nicht.

Und als Werdende sind wir ganz. Jene «heile», frühe Kinderwelt, wo Außen- und Innenwelt, ich und du noch nicht getrennt waren, kann wieder Wirklichkeit werden. Neue Wirklichkeit, wie das Puzzle, dessen ungeteiltes Bild wir (fast) vergessen haben, von dem wir nur noch Teilchen und Teilchen von Teilchen besitzen, und nun ein Glied nach dem andern im Verhältnis zu den anderen wieder zusammenfügen.

Erinnerst du dich auch an den (Kinder-)Schmerz, wenn ein Teilchen fehlte oder sein Bild nicht zu erkennen war?

Müssen göttliche Wesen oder Engel, die heilsamen Kräfte (auch in uns), die am Gesamtbild der Menschheit arbeiten, es nicht ebenso leidvoll erleben, wenn wir als Persönlichkeiten im Gesamtgefüge verlorengehen oder unser ureigenstes Bild nicht zu erkennen ist?

# Nachbemerkung zum Weg der Autorin – und mit ihr

## I

Jemanden vom eß-brechsüchtigen Taumel in die Selbstzerstörung geheilt zu sehen, ist ein Erlebnis für alle Beteiligten. An ein Wunder grenzt für sie eine Selbstheilung ohne Psycho- oder sonstige Therapeuten, einzig im fortschreitenden Sichverbinden mit dem an der Todesschwelle doch noch gesunden Bewegungsmenschen.

In den vier Jahren, die ich die Autorin näher kenne, habe ich als ihr Weggefährte die Entwicklung miterleben dürfen, als eine entscheidende Wendung nach einsamen Monaten der Entwöhnung hinter ihr lag. Schritt für Schritt der Gang übers Drahtseil, noch immer bedroht und unterbrochen von Abstürzen, bis der Balanceakt alltäglich wird, von dem man kaum noch unmittelbar merkt, daß es einer ist – oder bislang war.

Ähnlich wie im Kapitel «Fragen und Hören» berichtet wird vom Hörenlernen auf die Krankheit, waren das Jahre des Wahrhabenlernens auch für den hier Schreibenden; jetzt quasi als Nachhilfeunterricht, phasenverschoben. Am liebsten wäre ich gleichwohl gar nicht behelligt worden vom Ganzen. Augen zu, gelegentlich arrogant, dann wieder hingerissen von Bewunderung oder auch Überbesorgtheit – ein Seiltanz ebenfalls, wie ihn Betroffene nur allzuoft erleben mit ihnen Nahestehenden.

Meine Unzulänglichkeiten im Umgang mit manchen Echos der Sucht (auch an der physischen Gesundheit) wurden schließlich ebenfalls Thema, vollends angesichts von Tempo und Intensität der Verwandlungen und Verwandlungshoffnungen dieser Kämpferin. Ich hatte mich zu kennen geglaubt und mußte immer öfter in den Spiegel schauen; frontal, nicht mehr über die Schulter der Partnerin. Schwächen, die eine Zeitlang sich hatten verstecken lassen hinter ihren Rückfällen und deren Folgen für uns beide, ließ sie mit unnachgiebiger Geduld mir zu Bewußtsein kommen – Unduldsamkeit etwa oder Festklammern an «Effizienz» und gewissen, durchaus nicht immer effizienten Tätigkeitsabläufen. Indem es dabei überdies nicht bloß beim Analysieren blieb, die Kritik vielmehr mit Hinweisen und Hilfen beim Verändern einherging, hieß es nicht nur der eigenen Beteiligung am noch krank sich Gebärdenden (Affektreaktionen z.B.) ins Gesicht sehen; schließlich sogar dankbar sein, statt ärgerlich über den Prozeß, der ausgelöst wurde, «zeitraubend» und – intensiver, nachhaltiger, als manche einseitig verbale Auseinandersetzung es vermag.

Dabei entstand, fast unbemerkt zunächst, ein zweites, wenn nicht Wunder, so doch Kunststück. Diesmal miteinander. Auf dem Weg dahin gab es eine Überraschung, deren Beschreibung den Hauptteil der Nachbemerkung ausmacht.

## II

Catrin Albonico hat in diesem Buch dargestellt, von welcher Bedeutung für ihre Gesundung die Bothmer-Gymnastik war.* Langsam und zögerlich, zeitweise auch faul, entdeck(t)e ich, der «suchtfreie» Partner, dieses Potential auch für mich.

* Die Benennung als Gymnastik ist vielleicht etwas altväterlich für diese Bewegungskunst.

Therapeutisch wie in allgemeineren Kursen gibt es viele spielerische Elemente in den Bothmer'schen Übungen. Dennoch geht manchmal etwas Sprödes aus von bestimmten Übungsfiguren – die Strenge einer künstlerischen Disziplin. Sie wecken nicht nur die Aufmerksamkeit, sie fordern sie auch, sofort und voll. Wenn die Verfasserin dieses Buches mit jemandem übt, benennt sie möglicherweise ganz unerwartet eine Körperpartie, auf die ein Bewußtseinsanteil zu schwach oder auch zu stark gerichtet ist, wo Selbstblockade den Zugang zu den Gestaltungs- und Heilungskräften verhindert. Mechanisch machen geht nicht. Vielmehr, erst wenn solches langsam verlassen wird, kann das anfangen, worum es geht. Bis dahin mag das Üben immer wieder einmal spröde werden.

Einladend jedoch und oft zum Staunen, wie sehr diese Schulung die Kunst der Bewegung im Alltag trägt und fördert. Das ist ein wesentliches Moment der erwähnten Überraschung. Es lockt, die relativ hohe Schwelle gesteigerten Dabeiseins in dieser sonst so voraussetzungslosen Disziplin immer wieder neu zu erreichen, zu überschreiten.

Unerwartet und beinahe rätselhaft, erweisen sich die kleinen täglichen Übungen als Intensivschule des Wahrnehmens und wahr Nehmens. Dafür eine Vorübung als Beispiel, aus einer Reihe sogenannter Zielübungen: Sie heißt «Schritt zum Ziel»; betrifft also einen Vorgang, der täglich oft genug, im ganzen Leben unzählige Male vorkommt. Im Folgenden wird sie von der Wahrnehmungsseite her beschrieben, nicht als Anleitung zum Selberprobieren:

Wie gehen wir üblicherweise aufs Ziel zu? Ein wenig mit dem Kopf durch die Wand? Oder geht es häufig mit uns durch, laufen die Beine quasi davon? Wo befindet sich das Herz – zwischen vorgereckter Helden- oder komplexbeladener Armesünderbrust?

Beim «Schritt zum Ziel» blicke ich zuerst einmal in Zielrichtung. Das Ziel selbst liegt imaginär in ihrer unendlichen

Fortsetzung. Der Kopf mit seinen wachen Sinnesorganen orientiert sich in ebendiese Richtung. Ich empfinde und fühle sie. Sie verläuft zwischen hinten und vorne, man steht in der Mitte.

Ich will mich dem Ziel nähern. Also verbinde ich mich ganz mit der Zielrichtung; löse mich von meinem Standort, ohne ihn zu verlieren, indem ein Schritt beginnt und ein Arm sich nach vorne, einer nach hinten in die Ziel-Gerade legt. Deren Herkunft von hinten, unendlich weit, bleibt dabei genauso im Bewußtsein wie ihre Erstreckung zum Ziel vorne. Waageartig pendelnd zwischen hinten und vorne, bleibe ich die bewegte Mitte, blicke un-ent-wegt in Zielrichtung, bis alles in mir sich mit dem Ziel verbinden will. Nun löse ich den hintern Arm und führe ihn nach vorne, und so auch das hintere Bein, den Schritt zum Ziel vollendend.

Schon diese kleine Übung baut auf einem anhaltenden Wahrnehmen auf, einem möglichst unabgelenkten Zusammenspiel von Kopf, Herz, Hand – und Fuß, auf Wirkungen von Form, Rhythmus, Kraft. Es ist ein Erleben des denkendfühlenden, tätigen Menschen, der wir sind. Mit welcher (Dis-)Harmonie gehen wir durchs Leben, manifestieren wir uns in unseren Handlungen!

Durch solche und andere Bewegungsabläufe – verschiedene Arten des Fallens zum Beispiel und des wieder Sichaufrichtens – können der eigene Gang und ähnlich unzugängliche, unmittelbar ausdruckshafte Charakteristika der Persönlichkeit sich allmählich verwandeln lassen, wobei es nicht nur eine der äußerlich angelernten Techniken bleibt, sondern die sprichwörtliche Gangart sich aus der Tiefe ändert. Die ganze Befindlichkeit im gewohnten, alltäglichen Bewegungsablauf kommt – in Bewegung; oder auch zur Ruhe. Es eröffnet sich ein Übungsweg besonnener Bewegung im Alltag, buchstäblich und in übertragener Bedeutung.

Daß die Bothmer-Bewegungskunst Wahrnehmungsverkümmerungen und Fehlhaltungen im weitesten Sinn auszugleichen oder ihnen vorzubeugen vermag, dürfte einiges von ihrer starken Rückwirkung ins tägliche Leben begünstigen und erklären. (Siehe Kapitel «Heilung»). Sie ist nicht nur oder nicht vorwiegend eine Kunst des Ausdrucks in, von oder mittels Bewegungen, sondern eben eine Kunst des Dabeiseins, des Innewerdens der in den Bewegungsmenschen gelegten Geistigkeit, die gefangen ist in ihm und freiwerden will. Sie zu berühren bringt eine Freude, die stiller und dauerhafter brennt als die der Ekstase und vieler Genüsse.

Diese Bewegungsschulung ist gewiß kein Allheilmittel. Sie kann auch nur eingreifen über das Staunen, welches sich nötigenfalls, etwa im Spiel, wieder lernen läßt. Die in Kursen anfangs üblichen Show- und Vertuschungsgesten werden bald fallengelassen. Die Innenseite von Lampenfieber und Ähnlichem kann kennengelernt und – die egozentrische Mitte freigegeben werden zugunsten jenes leeren Raumes, für dessen Erleben manche den Luftraum ostwärts durchpflügen. Dem Blick nach draußen wie nach innen zugleich erschließt sich der Weg zu einer Bewegungsmeditation mit offenen Augen. Geistiger Erfahrung bei geschlossenen Augen kann das Mitte-Erlebnis des Bewegungsmenschen im Kreuz der Raumesrichtungen entsprechen.

Wer sich hineinübt und -gibt, ist in sich außer sich, ist in gesteigerter Anwesenheit abwesend: in unserer überpersönlichen Mitte. Sie zeigt sich bei Zerstreuung nicht, ermöglicht jedoch, diese zu überwinden – und sei es nur für Sekunden –, da sie entdeckt werden möchte von jedem Menschen, der sie erträgt.

## III

Das ist einer der Wege, auf denen erlebt werden kann, daß es Liebekräfte sind, die (auch) das Wahrnehmen ermöglichen – die Konzentration, Hinwendung zur Aufmerksamkeit, Hingabe im Verharren darin. Die Beschäftigung und Ablenkung mit sich selbst, mit unsren inneren Begleitmonologen, hört auf, wenigstens für kurze Intervalle, die übend vertieft und verlängert werden. Nicht daß jede Konzentration schon Liebe ausstrahlte, im Gegenteil, sie bindet deren Kräfte auch. Darum sind sie in ihr verborgen, werden von andrem abgezogen. Einseitig und unbetroffen geübt, kann auch sie zu einer kalten Meisterschaft führen. Das Ausbilden der «fühlenden Wahrnehmung»* jedoch führt, wie das Wort sagt, zum Dabeisein mit dem Herzen, wo immer jemand sich – nicht seine Halbanwesenheit – hinwendet, selbst wenn die übliche, «normale» Zerstreutheit noch oft genug das Feld beherrscht.

Die Bothmer-Übungen reihen sich ein in die umfassende Schulung eines immer neu staunen-könnenden, empfindenden Wahrnehmens des Andren, des Schwachen, des Schönen, besonders an Gegenständen der Natur. Bothmer-Bewegungskunst bedeutet in diesem Zusammenhang, daß fühlendes Wahrnehmen sich einstellt im Empfinden, im Begreifen der Naturgesetzlichkeiten, des Kosmos im Bau des Menschen.

Der reiche Weg des wahr Nehmens, zunächst der eigenen Entwicklungsmöglichkeiten, schließlich auch über die eigene Wichtigkeit hinaus, befreit von deren Fangarmen, vom Vereinnahmtwerden, wenn auch nicht immer gradlinig,

* Georg Kühlewind: Die Belehrung der Sinne, Stuttgart 1990
Vom Normalen zum Gesunden, Stuttgart 1983

sondern unter Rückfällen – nicht berechenbar. Eine richtig angeleitete, auch künsterlische Schulung des Wahrnehmens ist eine spielerisch-strenge Entdeckungsreise zur persönlichen und überpersönlichen Mitte, (die aus der Bewegungsschulung in besonderer Weise zugänglich wird). Es ist zugleich eine übende Abenteuerreise im Hören, Sehen, Tasten, im sich (neu) Verlieben – nicht allein in Menschen. Gleichmütig statt gleichgültig.

Wie nur kommt's, daß diese Art verliebter Abenteuer nicht von weit mehr Menschen gesucht werden, daß es sich nicht längst herumgesprochen hat? Unter andrem wohl deshalb: Die Übungen sind manchmal ähnlich unnahbar wie diejenigen aus der Bewegungskunst. Ausgerechnet immer wieder innehalten am vermeintlich nicht so Interessanten, am Unattraktiven, dessen Schönheit zu entdecken ist, am Unsympathischen, ja am «Feind»; am vernachlässigten Detail auch, täglich, treu. Eine Unternehmung zur Rekultivierung unserer Sinne, unseres Sinnerlebens.

## IV

Für unsren gemeinsamen Weg folgt fast unausweichlich, daß wir beide vom Wahrnehmen her den untergründigen Zusammenhang mit den Kräften der Liebe ein wenig zu erkennen, vor allem aber zu pflegen und zu steigern suchen.

Mit dem großen Wort Liebe also ist das eingangs erwähnte gemeinsame Kunstwerk beim Namen genannt. Das wird hier so direkt angesprochen, weil Buch und Nachbemerkung eventuell die Frage provozieren, wie die zwei das bloß machen, ob es nicht zu schön ist, um wahr zu sein. (Eine Frage, die auch uns gelegentlich aufsteigt.)

Also. Statt von manchen Schwierigkeiten und Anforderungen, hätte sich auch mehr von der Bewunderung für die

Verfasserin dieses Berichtes vom Überleben und vom Weg ins bessere Danach schreiben lassen. Anders gesagt, an alle, die möglicherweise mit Schmerz und, einmal mehr, Resignation, jenes Wort gelesen und länger schon gespürt haben mögen aus dem Umgang der Autorin mit ihrer Vergangenheit: Wer wirklich wahr zu nehmen beginnt, strahlt alsbald etwas aus von jener Liebe, die wir sonst in unsre Masken hinein verschwenden und wegdrücken. Wer auf einem der in diesem Buch angedeuteten Wege der Aufmerksamkeit hier und jetzt sich verabschiedet vom ambivalenzbeladenen, körperverhafteten Alles oder Garnichts, Entweder-Oder, Sowohl als Auch, erlöst «einfach» Liebekraft, die bislang im Krankheitsbetrieb gefangen war. Entbunden wird das Gewahrwerden – seiner selbst zunächst und dadurch für den scheinbar tyrannischen Leib. In Wahrheit wird er ja zur Chiffrensprache gezwungen von einer Seele, die übermäßig oder sonstwie falsch sich mit ihm identifiziert oder aber ihm am liebsten entfliehen würde.

Eine Weile heißt es möglicherweise noch allein sein mit der neuen Haltung, einsam «wie bisher», und insofern eine fragile Sache. Unweigerlich trifft die Liebe, die mit der Schulung der Aufmerksamkeit frei wird, auch bald auf Gegenkräfte, in und außer einem. Sie zieht sie förmlich auf sich, unter Umständen dramatisch; aber auch ihresgleichen, und darauf kommt es an. Wann immer, wie immer. Selbst dann jedoch – Geduld ... Vielleicht sogar wird jemand längst (scheinbar) Bekannter oder etwas allzu Gewohntes neu entdeckt.

Wenn mithin zu rechnen ist mit Steinen, die wir selbst und andre uns in den Weg werfen: Ist es da nicht doch etwas weltfremd, einfach so von Liebe zu reden? In diesem zuendetaumelnden Jahrhundert, Jahrtausend? Keine andre Motivation in Sicht, aus der sich besser, zumindest realistischer aufbauen ließe? Auf S. 52 werden die «demonstrativen» Eß-Brechsüchtigen erwähnt, von denen auch einmal gruppenweise Protestdemonstrationen kommen könnten auf ihre Art. Warum also nicht aus dem Protest etwas ändern mit vielen berechtigten Motiven, ethisch höher stehend als mancher Herold der Neuen Weltordnung aus der Schönen Neuen Welt?

Selbst wenn es sich nicht direkt um Haß und destruktive Aggression handeln mag – die jedoch beigemischt sind in jeder Sucht oder sonstwie selbstzerstörerischen oder entfremdungshaften Krankheit: Der Umwandlungsarbeit an sich selbst läßt sich nur scheinbar entkommen. Protest, der geschoben wird von hinausprojizierten eigenen Problemen, ist vom Zusammenbruch noch viel eher bedroht als ohnehin jeder unter den heutigen Verhältnissen von Macht und (innerer, konsumierender) Mittäterschaft. Auch bei gewaltlosem Protest. Gerade Gandhi hat betont, daß der gewaltlose «Krieger der Seele» (soul warrior) am meisten Mut braucht. Ohne Waffen, einzig mit Wahrhaftigkeit und Schöpfungsliebe (brahmacaria) gegen die Angst. Angst in beiden, sich und dem Gegner.

## V

Angst, Waffen, Krieger, Mut – Männer: Auf S. 43 formuliert Catrin Albonico die These, Männer neigten mehr zu Zerstörungskrankheiten, Frauen eher zu Reifungskrankheiten. Klischee, könnte man denken. Oben war die Rede von Protest: Überprüft man die These über die Geschlechter nicht nur medizinisch, sondern soziologisch, so zeigt sich in manchen Symptomverteilungen der modernen sozialpsychopathologischen Epidemien ebenfalls ein erschreckendes Auseinanderdriften der Geschlechter. Das ausführlicher zu beleuchten, ist hier nicht der Ort; als Stichworte seien nur drei Erscheinungen genannt: Jungemänner-Gangs (Skinheads, sogenannte Neonazis), die organisierte Vergewaltigung (im ehem. Jugoslawien), die weiß-farbige Gewalt (weltweit). Hier stehen Beispiele bezüglich Männerwelt, eine vorwiegend weibliche Reaktionsweise wurde im Buch ja ausführlich thematisiert.

Der beunruhigende Vorgang derart extrem geschlechtsvariabler Reaktionen — worauf denn eigentlich? – wird weitgehend ignoriert, besonders im Umgang mit der politisch ausstaffierten Jungemänner-Gewalttätigkeit. Die breitgetretenen Erklärungen verhalten nicht, allen voran die bis zum Erbrechen wiederholte Selbstbedienungsformel des Industrialismus von den fehlenden Arbeitsplätzen. (Daß es an Arbeit fehle, wagt denn doch keiner zu behaupten.) Nicht zufällig liegt diese magische Parole sprachlich allzunah bei Park- und Garagenplätzen. Wer sie ergattert hat, mag seinen Hunger nach Sinn eine Weile abstumpfen und betäuben lassen. Auf Männer und Frauen, Mädchen und Jungen wirkt mehr oder weniger subtil und allgegenwärtig ein- und dieselbe Botschaft: Egal. Es kommt nicht drauf an. Auf *das* nicht, am Ende auch auf *Dich* nicht. Für alles und alle ist Ersatz da in Überfluß. Zumindest aus der 3. und 4. Welt. Für sogenannte Bezugspersonen und Lebenspartner geradeso wie für Transplantationsorgane oder fürs Kofferradio, das man hat verstauben lassen und mit einem Tritt aus dem Weg räumt. Alles ist gleich-gültig. Ich auch.

Protestierendes Erbrechen von Frauen wäre da mindestens so erklärlich wie die Gewaltdominanz von Männern. Diese ließe sich, in Anlehnung an die Wortwahl der Autorin und ohne bloße Wortspielerei, auch als Unreife-Krankheit vorwiegend von Männern bezeichnen, speziell beim Junge-Mann-Typus. Gewalt ist nun einmal ein primitives Mittel, individuell wie kollektiv, offen brutal wie strukturell-sachzwanghaft.

Auch wenn die Grenzen sich manchmal verwischen, Faktum bleibt, daß – besonders junge – Frauen und Männer den Unisex-Mythos Lügen strafen mit ihren häufig sehr unterschiedlichen, geschlechtsgebundenen Entfremdungsreaktionen gegenüber der angetroffenen Situation. Sie wirkt auf die Geschlechter sicherlich nicht immer (qualitativ) gleich, stellt aber doch einen Bereich fortgeschrittenster «Gleichberechtigung» dar am falschen Ende. Es gälte heute endlich auch die «geschlechtsspezifischen» Zerstörungskrankheiten, allen voran die (politisch kostümierte) Gewalttätigkeit, auf ihren Suchtcharakter hin auszuloten und entsprechend anzugehen.

(Gewalt-)Entfremdung, politisch destruktive Rebellion und industriegesellschaftliche Verkümmerung der einzigartigen menschlichen Fähigkeiten zur empfindenden Wahrnehmung steigern einander ständig in Richtung auf den gleichgültig funktionierenden Riesenapparat, scheinbar perfekt bedient; die Opfer sind schnell vergessen gemacht. Der Weg dahin wird vom Kinderzimmer an immer lückenloser gepflastert mit den easy trips, die auf Knöpfchendruck die menschliche Wahrnehmungs- und Empfindungsfähigkeit, schließlich eigene Erfahrung überhaupt, ersetzen oder vergröbern statt differenzierend heranbilden.

Für Liebe *wie* für Protest – wütenden, liebevollen, phantasiereichen – braucht es gesellschaftlich und individuell die Stärkung durch weise Gegenmittel. Ohnmächtige Wut, gerechter Zorn und geschliffene Kritik sind in dieser Situation unterschiedlich geschickte Ausdrucksweisen. Notwendig aber sind übergeschlechtliche, lebenspraktisch der Situation gewachsene Wege des Standhaltens gegen die gleichberechtigte Luxusverkümmerung.

Die Flucht oder Gewöhnung in die Besinnungslosigkeit passiert für uns mit Haut und Haar im Körper Verhaftete meist über einseitig gesteigerte Leibesfunktionen, während andere Bedürfnisse dabei vernachlässigt oder nicht mehr wahrgenommen werden oder, als Wahrnehmungswerkzeuge, verkümmern; in der Sucht schließlich bis zum (selbst-) zerstörerischen Exzeß.

Wahrnehmungsschulung generell ist im Zeitalter der industriellen Konsumreligion vielleicht *das* – vorbeugende – Gegenmittel, nicht allein gegen Süchte, sondern allgemein gegen die Flucht und das Abrutschen in die Zerstreuung und die nachfolgenden Besinnungslosigkeiten.

Sucht, die gewalttätige besonders, braucht Bewegungen. Es gibt eigentliche Suchtbewegungen, an denen die ihr Verfallenen mit Teufelsgewalt hängen, obwohl es anfangs oft noch Bewegungen der Suche waren, tastend, recht-schaffen, hilflos, unberaten. Es wurde hier beschrieben, wie Bewegungsbewußtheit und aufmerksames Wahrnehmen ineinanderspielen. So ist es nur psycho-logisch, daß, wer hier den Hebel anzusetzen weiß, vergleichsweise rasch vorwärtskommt. Wem es gelingt, die (Selbst-)Zerstörung umzulenken in Richtung auf das eigentlich Gesuchte – persönlich, kulturell –, dem kann Sinnerfahrung vielleicht gerade auf seinem leiblichen Kampfplatz von Sucht und Zerstörung (wieder) aufleben aus den Berührungen des verkörperten Geistes. Die persönliche und soziale Heilkraft erwächst im aktiven Zulassen der Geistesgegenwart, die Sinn und Liebe aus der Sucht auferwecken hilft (vgl. Kapitel «Krank» und «Fragen und Hören»).

Wer diesen Weg geht, schließlich mit den Verwandlungskräften der Sucht-Überwindung, dem mag dann auch von seinem Gegenüber, wer immer das ist, entgegenkommen, daß dieses Gegenüber zu lernen hat, lernen möchte von und mit den «um ein beseeltes Maß Kämpfenden» (S. 68). Ihr Auferstehungserlebnis, einmal hereingelassen, wird nicht allein ein fortgesetzter Weg; es kann auch nicht wiederum Gewohnheit werden. Es bleibt als Kraft der Sucht-Erlösung, die über sich hinausstrahlt.

Reinhold Brück

Dankbar für ihre Unterstützung denke ich an viele Menschen, namentlich:

Reinhold Brück, Nachbemerkung<br>
Marthi und Rolf Albonico, elterliche Partnerschaft<br>
Hermann F. Gisin, Dr. med., Förderung des Manuskripts<br>
Isabella Maria Holenstein, Vorwort<br>
Peter Gmünder, Lektorat

# Zur Autorin

Geboren 1957 in der Schweiz. Mit 16 Jahren geht sie in die USA und wird dort konfrontiert mit den Elendsvierteln großer Städte, Rassenunruhen und der noch jungen Drogenproblematik und radikalen Frauenemanzipationsbewegung. Wird selber alkohol- und drogensüchtig. Überlebt Sprung von einer hohen Brücke und wird während Jahren massiver Isolations- und Chemotherapien in verschiedenen Psychiatrischen Kliniken zusehends noch kränker.

Eine Ärztin bewirkt Absetzung aller Medikamente und Zugang zu Meditation, ein Bauer den Wechsel in die Berglandwirtschaft. Später diverse Praktika in sozialen und wirtschaftlichen Institutionen. Erkrankung an Bulimarexie (1978). Ausbildung zur Sozialarbeiterin. Aufbau und Führung eines Sozialdienstes in einem medizinischen Zentrum. Die Krankheit spitzt sich zu. Beginn einer Ausbildung zur (Heil-)Gymnastiklehrerin (Bothmer-Gymnastik). Kopf-Unfälle, ein Jahr später Herzerkrankung. Anfänge einer (Selbst-)Heilung (1989). Indienaufenthalt. Beginnende Kurstätigkeit zusammen mit ihrem Partner. Abschluß der Bewegungsausbildung und fortgeschrittene Heilung. Seither freiberuflich tätig.

**Kontaktadresse:**
Catrin Albonico
Postfach 119
CH-9001 St.Gallen